탁상용 초등 영단어 하루 꼭! 365

주제별 필수단어 500
받아쓰기, 회화 문장 각 52주

★ 안녕! **Hi!**
하이

★ 안녕하세요! **Hello!**
헬로우

1. **a** [ə/ei][어/에이]
   art (부정관사), 하나의

2. **about** [əˈbaut][어바웃]
   prep ~에 대한, adv 약, 거의

3. **above** [əˈbʌv][어버브]
   prep ~보다 위에

4. **academy** [əˈkædəmi][어캐더미]
   n (특수 분야의) 학교

5. **accent** [ˈæksent][액센트]
   n 말씨, 강세

1년 동안 열심히 공부하느라 정말 수고했어!

그럼 1일부터 다시 시작!

그다음 해에도 만나는 거지?

6. **accident** [ˈæksɪdənt][액씨던트]
   n 사고, 우연

7. **across** [əˈkrɔːs][어크로ː쓰]
   adv 건너서, prep 가로질러

8. **act** [ækt][액트]
   n 행동, v 행동을 취하다

9. **add** [æd][애드]
   v 첨가하다, 더하다

10. **address** [ˈædres/əˈdres][애드레스/어드레스]
    n 주소, v 주소를 쓰다

★ 회화 문장 ★
52주

364 / 365

탑승수속을 할 때

★ 대한항공 카운터는 어디입니까?
Where's the Korean Airline's
웨얼즈　더　코리언　에어라인스

counter?
카운터

★ 여기서 체크인할 수 있습니까?
Can I check-in here?
캔　아이 체킨　히어

★ 통로쪽[창쪽]으로 주세요.
An aisle[A window] seat, please.
언　아일　[어　윈도우]　씨트　플리즈

[2부] 주제별 일상단어 500

11. **adult** [əˈdʌlt][어덜트]
n 성인, 어른

12. **adventure** [adˈventʃə(r)][어드벤쳐]
n 모험

13. **advise** [adˈvaɪz][어드바이즈]
v 조언하다, 충고하다

14. **afraid** [əˈfreɪd][어프레이드]
adj 두려워하는, 겁내는

15. **after** [ˈæftə(r)][애프터]
prep 뒤에, 후에

복습하기 52주　　※다음 단어의 뜻을 써보세요.

1. archery	
2. long jump	
3. jump rope	
4. badminton	
5. squash	
6. ice hockey	
7. handball	
8. hiking	
9. rowing	
10. marathon	
11. vault	
12. refresh oneself	

16. **afternoon** [ˌæftərˈnuːn][애프터눈ː]
n 오후

17. **again** [əˈgen][어게인]
adv 다시, 한 번 더

18. **against** [əˈgenst][어겐스트]
prep ~에 반대하여

19. **age** [eɪdʒ][에이쥐]
n 나이, 연령

20. **ago** [əˈgoʊ][어고우]
adv 전에

[2부] 주제별 일상단어 500

362 / 365

1296. **take a rest** [테이커 레스트]

　휴양하다

1297. **go sightseeing** [고 싸잇씽]

　관광하다

1298. **refresh oneself** [리프레쉬 원셀프]

　기분전환하다

1299. **visit** [ˈvɪzɪt][비짓]

　▽ 참관하다

1300. **explore** [ɪkˈsplɔː(r)][익스플로어]

　▽ 탐험하다

21. **agree** [əˈɡriː][어그리:]
    v 동의하다

22. **ahead** [əˈhed][어헤드]
    adv 앞으로, 앞에

23. **air** [er][에어]
    n 공기, 대기

24. **airplane** [ˈerpleɪn][에어플레인]
    n 비행기

25. **airline** [ˈerlaɪn][에어라인]
    n 항공사

1291. **marathon** [ˈmærəθɑːn][매러선]
n 마라톤

1292. **fencing** [ˈfensɪŋ][펜싱]
n 펜싱

1293. **jump rope** [ˈdʒʌmp ˌroup][점프 로우프]
줄넘기

1294. **vault** [vɑːlt][벌트]
n 뜀틀

1295. **weight lifting** [weɪt ˌlɪftɪŋ][웨잇 리프팅]
역도

복습하기 1주

※ 다음 단어의 뜻을 써보세요.

1. advise
2. about
3. again
4. accent
5. accident
6. act
7. address
8. adventure
9. afraid
10. afternoon
11. age
12. air

1286. **roller skating**
[ˈroʊləˈskeɪtɪŋ][롤러스케이팅]

롤러스케이팅

1287. **archery** [ˈɑːrtʃəri][아처리]

n 양궁

1288. **snorkeling** [ˈsnɔːrkəlɪŋ][스노클링]

n 스노클링

1289. **long jump** [ˈlɑːŋ ˌdʒʌmp][롱 점프]

멀리뛰기

1290. **javelin** [ˈdʒævlɪn][제블린]

n 창던지기

★ 처음 뵙겠습니다.
How do you do?
하우 두 유 두

★ 만나서 반갑습니다.
Nice to meet you.
나이스 투 미쥬

★ 알게 되어 기쁩니다.
I'm glad to know you.
아임 글래드 투 노우 유

1281. **handball** [ˈhændbɔːl][핸드볼]
n 핸드볼

1282. **hiking** [ˈhaɪkɪŋ][하이킹]
n (취미) 등산

1283. **rowing** [ˈroʊɪŋ][로잉]
n 조정

1284. **cycling** [ˈsaɪklɪŋ][싸이클링]
n 사이클

1285. **yoga** [ˈjoʊɡə][요가]
n 요가

26. **airport** ['erpɔːrt][에어포ːㅌ]
    n 공항

27. **all** [ɔːl][오ːㄹ]
    adj 모든, n 모두

28. **almost** ['ɔːlmoust][오ːㄹ모스ㅌ]
    adv 거의

29. **alone** [ə'loun][얼론]
    adj, adv 외로운, 혼자

30. **along** [ə'lɔːŋ][얼롱ː]
    prep ~을 따라

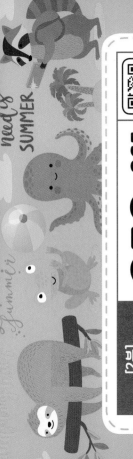

1276. **billiards** [ˈbɪljərdz][빌러즈]

n 당구

1277. **badminton** [ˈbædmɪntən][뱨드민튼]

n 배드민턴

1278. **rugby** [ˈrʌgbi][럭비]

n 럭비

1279. **squash** [skwɑːʃ][스쿼쉬]

n 스쿼시

1280. **ice hockey** [ˈaɪs ˌhɑːki][아이스하키]

아이스하키

31. **aloud** [əˈlaʊd][얼라우드]
adv 소리 내어, 크게

32. **already** [ɔːlˈredi][올ː뤠디]
adv 이미, 벌써

33. **alright** [ɔːlˈraɪt][올ː롸잇트]
adj, adv 괜찮은

34. **also** [ˈɔːlsoʊ][올ː쏘]
adv 또한, 게다가

35. **always** [ˈɔːlweɪz][올ː웨이즈]
adv 항상, 언제나

SUMMER time

THE
WORLD

| ★ 회화 문장 ★ | **357** / **365** |
| **51**주 | |

값과 지불방법을 물을 때

★ 이건 얼마입니까?
How much is this?
하우 머취 이즈 디스

★ 카드도 됩니까?
May I use a credit card?
메이아이 유저 크레딧 카드

★ 전부 해서 얼마나 됩니까?
How much is it all together?
하우 머취 이짓 올 투게더

[2부] 주제별 인스턴트 500

36. **A.M. / a.m.** [ˌeɪ ˈem][에이엠]
오전

37. **and** [ænd][앤드]
conj 그리고

38. **angel** [ˈeɪndʒl][에인졸]
n 천사

39. **anger** [ˈæŋɡə(r)][앵거]
n 분노, 화

40. **animal** [ˈænɪml][애니멀]
n 동물

복습하기 51주 ※다음 단어의 뜻을 써보세요.

1. fence	
2. go	
3. horseback riding	
4. bowling	
5. bungee jump	
6. fishing	
7. tennis	
8. ski	
9. judo	
10. table tennis	
11. swimming	
12. boxing	

[2부] 주제별 읽상단어 500

41. **another** [əˈnʌðə(r)][어나더]
adj., pron 또 하나(의)

42. **answer** [ˈænsə(r)][앤써]
n 대답, 회신

43. **ant** [ænt][앤트]
n 개미

44. **any** [ˈeni][애니]
adj., pron 어느, 어떤

45. **apple** [ˈæpl][애플]
n 사과

1271. **swimming** [ˈswɪmɪŋ][스위밍]

n 수영

1272. **boxing** [ˈbɑːksɪŋ][박싱]

n 권투

1273. **taekwondo** [ˌtaɪkwɑːnˈdoʊ][태권도]

n 태권도

1274. **kendo** [kendoʊ][켄도]

n 검도

1275. **martial arts** [ˌmɑːrʃəl ˈɑːrts][마셜 아츠]

격투기

46. **area** [ˈeriə][에리어]
    n 구역, 지역

47. **arm** [ɑːrm][암:]
    n 팔

48. **around** [əˈraʊnd][어롸운드]
    adv 약, prep 둘레에

49. **arrive** [əˈraɪv][어롸이브]
    v 도착하다

50. **art** [ɑːrt][아:트]
    n 미술, 예술

1266. **judo** [ˈdʒuːdoʊ][쥬도]
n 유도

1267. **gymnastics** [dʒɪmˈnæstɪks][짐내스틱스]
n 체조

1268. **horseback riding** [ˈhɔːrsbæk ˌraɪdɪŋ][홀스백 라이딩]
승마

1269. **table tennis** [ˈteɪbəl ˌtenɪs][테이블 테니스]
탁구

1270. **swordsmanship** [ˈsɔːrdzmənʃɪp][스워즈맨쉽]
n 검술

복습하기 2주

※ 다음 단어의 뜻을 써보세요.

1. all	
2. alright	
3. always	
4. airport	
5. aloud	
6. A.M. / a.m.	
7. angel	
8. animal	
9. answer	
10. apple	
11. arm	
12. arrive	

1261. **go** [goʊ][고]
n 바둑

1262. **windsurfing** [ˈwɪndsɜːrfɪŋ][윈드써핑]
n 윈드서핑

1263. **golf** [gɔːlf][골프]
n 골프

1264. **tennis** [ˈtenɪs][테니스]
n 테니스

1265. **ski** [skiː][스키]
n 스키

★ 안녕, 나중에 보자.
Bye. Catch you later.
바이　캐취　유　레이러

★ 안녕히 가세요. 내일 봐요.
Good bye. See you tomorrow.
굳　바이　씨　유　투마로우

★ 그럼, 이만. 또 만납시다.
So long. See you again .
쏘　롱　씨　유　어겐

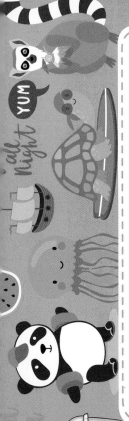

1256. **bowling** ['boʊlɪŋ][보울링]
n 볼링

1257. **rock-climbing** ['rɑːk ˌklaɪmɪŋ][락클라이밍]
n 암벽등반

1258. **paragliding** ['perəˌɡlaɪdɪŋ][페러글라이딩]
n 패러글라이딩

1259. **bungee jump** ['bʌndʒi ˌdʒʌmp][번지 점프]
번지 점프

1260. **fishing** ['fɪʃɪŋ][피싱]
n 낚시

51. **as** [æz][애즈]
prep ~처럼, ~로서

52. **ask** [æsk][애스크]
v 묻다, 요청하다

53. **at** [æt][앳]
prep ~에(서)

54. **aunt** [ænt][앤트]
n 고모, 이모, 숙모

55. **away** [əˈweɪ][어웨이]
adv 떨어져, 다른데(로)

1251. **courtyard** [ˈkɔːrtjɑːrd][콧야드]
n 안마당 뜰

1252. **pillar** [ˈpɪlə(r)][필러]
n 기둥

1253. **fence** [fens][펜스]
n 울타리

1254. **lock** [lɑːk][락]
n 자물쇠

1255. **housekeeper** [ˈhaʊskiːpə(r)][하우스키퍼]
n 가정부

56. **baby** ['beɪbi][베이비]
n 아기, 새끼

57. **back** [bæk][백]
n 등, 허리, adj 뒤쪽의

58. **background** ['bækɡraʊnd][백그라운드]
n 배경

59. **bad** [bæd][배드]
adj 나쁜, 안 좋은

60. **bake** [beɪk][베이크]
v 굽다

관광을 할 때 / 관광안내소에서

★ 관광안내소는 어디에 있습니까?
Where's the tourist
웨얼즈   더   투어리스트
information center?
인포메이션   센터

★ 안녕하세요. 무엇을 도와드릴까요?
Good morning. May I help you?
굿   모닝   메   아이 헬프 유

★ 관광지도 좀 주시겠어요?
Can I have a sightseeing map?
캔   아이 해브   싸이트씽   맵

[2부] 주제별 일상단어 500

61. **ball** [bɔːl][볼ː]
n 공

62. **balloon** [bəˈluːn][벌룬ː]
n 풍선, 열기구

63. **band** [bænd][밴드]
n 밴드, 띠

64. **bank** [bæŋk][뱅크]
n 은행, 둑

65. **base** [beɪs][베이스]
n 기초, 토대

복습하기 50주 ※다음 단어의 뜻을 써보세요.

1. gate

2. wall

3. garden

4. apartment

5. house

6. multiplex housing

7. hut

8. garage

9. chimney

10. roof

11. stairs

12. entrance

66. **baseball** [ˈbeɪsbɔːl][베이스볼ː]

n 야구

67. **basic** [ˈbeɪsɪk][베이직]

adj 기초적인, 근본적인

68. **basket** [ˈbæskɪt][배스킷]

n 바구니

69. **basketball** [ˈbæskɪtbɔːl][배스킷볼ː]

n 농구

70. **bat** [bæt][뱃]

n 방망이

1246. **rooftop** [ˈruːftɑːp][룹탑]

n 옥상

1247. **entrance** [ˈentrəns][엔트런스]

n 현관

1248. **basement** [ˈbeɪsmənt][베이스먼트]

n 지하실

1249. **upstairs** [ˌʌpˈsterz][업스테얼스]

n 위층

1250. **downstairs** [ˌdaʊnˈsterz][다운스테얼스]

n 아래층

71.
bath [bæθ][배쓰]
n 욕조

72.
bathroom [ˈbæθruːm][배쓰룸ː]
n 욕실, 화장실

73.
battery [ˈbætəri][배터리]
n 배터리

74.
battle [ˈbætl][배틀]
n 전투

75.
be [biː][비ː]
v 있다, 이다

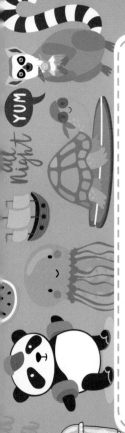

1241. **roof** [ruːf][루프]

n 지붕

1242. **stairs** [steərz][스테얼스]

n 계단

1243. **terrace** [ˈterəs][테러스]

n 테라스

1244. **shed** [ʃed][쉐드]

n 창고

1245. **garret** [ˈɡærət][개럿]

n 다락방

[2부] 주제별 일상단어 500

복습하기 3주

※ 다음 단어의 뜻을 써보세요.

1. at

2. background

3. be

4. ask

5. baby

6. back

7. bad

8. ball

9. bank

10. baseball

11. basic

12. basketball

**[2부]
주제별 일상단어
500**

1236. **garden** [ˈgɑːrdn][가든]
n 정원

1237. **mailbox** [ˈmeɪlbɑːks][메일박스]
n 우편함

1238. **garage** [gəˈrɑːʒ][거라쥐]
n 차고

1239. **driveway** [ˈdraɪvweɪ][드라이브웨이]
n 진입로

1240. **chimney** [ˈtʃɪmni][침니]
n 굴뚝

[2부] 주제별 일상단어 500

자신을 상대방에게 소개할 때

★ 제 소개를 할까요?

May I introduce myself?
메이 아이 인트로듀스 마이셀프

★ 제 소개를 하겠습니다.

I'd like to introduce myself.
아이드 라익 투 인트로듀스 마이셀프

★ 안녕하십니까, 제 이름은 홍길동입니다.

Hello, my name's Kil-dong Hong.
헬로우 마이 네임즈 길- 동 홍

1231. **hut** [hʌt][헛]

n 오두막집

1232. **villa** [ˈvɪlə][빌라]

n 별장

1233. **boarding house** [ˈbɔːrdɪŋ ˌhaʊs][보딩 하우스]

하숙집

1234. **gate** [ɡeɪt][게잇]

n 대문

1235. **wall** [wɔːl][월]

n 담, 벽

76. **beach** [biːtʃ][비ː취]
    n 해변

77. **bean** [biːn][빈ː]
    n 콩

78. **bear** [ber][베어]
    n 곰, **v** 참다, 견디다

79. **beauty** [ˈbjuːti][뷰ː티]
    n 미, 아름다움

80. **because** [bɪˈkɔːz][비코우즈]
    conj ~때문에

1226. **apartment** [ə'partmənt][아팟먼트]

n 아파트

1227. **country house**

[ˌkʌntri 'haʊs][컨트리 하우스]

전원주택

1228. **house** [haʊs][하우스]

n 일반주택

1229. **multiplex housing**

[ˈmʌltəpleks 'haʊzɪŋ][멀티플렉스 하우징]

다세대주택

1230. **efficiency apartment**

[ɪ'fɪʃənsi ə'partmənt][이피션시 아팟먼트]

오피스텔

81. **become** [bɪˈkʌm][비컴]
    v ~이 되다

82. **bed** [bed][베드]
    n 침대

83. **bedroom** [ˈbedrʊm][베드룸]
    n 침실

84. **bee** [biː][비ː]
    n 벌

85. **beef** [biːf][비ːㅍ]
    n 소고기

음식을 주문할 때

★ 메뉴 좀 볼 수 있을까요?
Can I see the menu, please?
캔 아이 씨 더 메뉴 플리즈

★ 주문을 하고 싶은데요.
We are ready to order.
위 아 레디 투 오더

★ 이걸 부탁합니다.
I'll take this one.
아일 테익 디스 원

[2부] 주제별 인스턴트 500

86. **before** [bɪˈfɔː(r)][비포:]
prep 전에

87. **begin** [bɪˈɡɪn][비긴]
v 시작하다

88. **behind** [bɪˈhaɪnd][비하인드]
prep, adv 뒤에

89. **believe** [bɪˈliːv][빌리:브]
v 믿다

90. **bell** [bel][벨]
n 종

THE
WORLD

복습하기 49주 ※다음 단어의 뜻을 써보세요.

1. azalea
2. dandelion
3. foxtail
4. morning glory
5. tulip
6. sunflower
7. clover
8. weeds
9. pine
10. persimmon tree
11. apple tree
12. chestnut tree

[2부] 주제별 일상단어 500

91. below [bɪˈloʊ][빌로우]
prep, adv 아래에

92. beside [bɪˈsaɪd][비싸이드]
prep 옆에

93. between [bɪˈtwiːn][비트윈]
prep 사이에

94. bicycle [ˈbaɪsɪkl][바이씨클]
n 자전거

95. big [bɪg][빅]
adj 큰

1221. **pomegranate tree**
['pɑːmɡrænɪt triː][파머그래닛 트리]
석류나무

1222. **chestnut tree**
['tʃesnʌt triː][체스트넛 트리]
밤나무

1223. **gingko** ['ɡɪŋkɡoʊ][징코우]
n 은행나무

1224. **pear tree** [peə(r) triː][페어 트리]
배나무

1225. **poppy** ['pɑːpi][파피]
n 양귀비꽃

[2부] 주제별 일상단어 500

96.
bill [bɪl][빌]
n 계산서, 지폐

97.
bird [bɜːrd][버ː드]
n 새

98.
birth [bɜːrθ][버ː쓰]
n 탄생

99.
birthday ['bɜːrθdeɪ][버ː쓰데이]
n 생일

100.
bite [baɪt][바이트]
v 물다

1216. **silvergrass** [sɪlvə(r)ɡræs][실버그래스]

n 억새풀

1217. **pine** [páin][파인]

n 소나무

1218. **metasequoia**
[mètəsikwɔ́iə][메타시콰이어]

n 메타세콰이아

1219. **persimmon tree**
[pərsímən][pɜːr ˈsɪm ən][트리]

감나무

1220. **apple tree** [ǽpl triː][애플 트리]

사과나무

복습하기 4주 ※다음 단어의 뜻을 써보세요.

1. because

2. become

3. between

4. bear

5. bed

6. bee

7. begin

8. believe

9. bell

10. bicycle

11. big

12. bird

1211. **chamomile** ['kæməmaɪl][캐머마일]

n 캐모마일

1212. **clover** ['kloʊvə(r)][클로버]

n 클로버

1213. **foxtail** [fάksteil][퍽스테일]

n 강아지풀

1214. **bracken** ['brækən][브래컨]

n 고사리

1215. **weeds** [wiːdz][위즈]

n 잡초

고마울 때

★ 감사합니다.
Thank you.
쌩큐

★ 대단히 감사합니다.
Thanks a lot.
땡쓰 어 랏

★ 진심으로 감사드립니다.
I heartily thank you.
아이 하틀리 쌩큐

1206. **violet** ['vaɪələt][바이얼렛]
n 제비꽃

1207. **gypsophila** [dʒipsάfələ][짚씨필러]
n 안개꽃

1208. **sunflower** ['sʌnflaʊə(r)][썬플라워]
n 해바라기

1209. **azalea** [ə'zeɪliə][어젤리어]
n 진달래

1210. **dandelion** ['dændɪlaɪən][댄디라이언]
n 민들레

101. **black** [blæk][블랙]
adj 검은, n 검은색

102. **block** [blɑːk][블락]
n 사각형 덩어리, v 막다

103. **blood** [blʌd][블러드]
n 피

104. **blue** [bluː][블루:]
adj 파란, n 파란색

105. **board** [bɔːrd][보:드]
n 판자

1201. camellia [kəˈmiːliə][커밀리어]

　n 동백꽃

1202. cherry blossom

[ˈtʃeri ˌblɑːsəm][체리 블라썸]

　벚꽃

1203. morning glory

[ˌmɔːrnɪŋ ˈɡlɔːri][모닝 글로리]

　나팔꽃

1204. lavender [ˈlævɪndə(r)][래번더]

　n 라벤더

1205. tulip [ˈtuːlɪp][툴립]

　n 튤립

106. boat [bout][보우트]

n 배, 보트

107. body ['bɑːdi][바:디]

n 몸

108. bomb [bɑːm][밤:]

n 폭탄

109. bone [boun][보운]

n 뼈

110. book [bʊk][북]

n 책, v 예약하다

관광을 할 때 / 관광지에서

★ 저게 뭔지 아세요?
Do you know what that is?
두 유 노우 왓 데리즈

★ 전망이 기가 막히군요!
What a fantastic view!
와러 팬테스틱 뷰

★ 여기서 사진을 찍어도 됩니까?
May I take a picture here?
메이아이 테이커 픽쳐 히어

[2부] 주제별 인스턴트 500

111. **boot** [buːt][부ː트]
n 부츠

112. **borrow** [ˈbɑːroʊ][바ː로우]
v 빌리다

113. **boss** [bɔːs][보ː스]
n 상관, 상사

114. **both** [boʊθ][보우쓰]
adj., **pron** 둘 다(의)

115. **bottle** [ˈbɑːtl][바ː틀]
n 병

복습하기 48주 ※다음 단어의 뜻을 써보세요.

1. octopus

2. jellyfish

3. rose of Sharon

4. salmon

5. globefish

6. squid

7. crab

8. shrimp

9. crawfish

10. shark

11. starfish

12. snail

[2부] 주제별 인사단어 500

116. **bottom** ['bɑːtəm][바:텀]
     n 맨 아래

117. **bowl** [boʊl][보울]
     n 그릇, 통

118. **boy** [bɔɪ][보이]
     n 소년

119. **brain** [breɪn][브레인]
     n 뇌

120. **brake** [breɪk][브레이크]
     n 제동장치, 브레이크

1196. rose of Sharon
[róuz ʌv ʃǽrən][로즈 엎 쉐런]
무궁화

1197. cosmos [ˈkɑːzmous][카스머스]
n 코스모스

1198. daffodil [ˈdæfədɪl][대퍼딜]
n 수선화

1199. daisy [ˈdeɪzi][데이지]
n 데이지

1200. iris [ˈaɪrɪs][아이리스]
n 아이리스

121. **branch** [bræntʃ][브랜치]
n 나뭇가지, 분점

122. **brand** [brænd][브랜드]
n 상표, 브랜드

123. **brave** [breɪv][브레이브]
adj 용감한

124. **bread** [bred][브레드]
n 빵

125. **break** [breɪk][브레이크]
v 깨어지다, 깨다, n 휴식 시간

333 / 365

1191. **shellfish** [ˈʃelfɪʃ][쉘피쉬]

n 조개

1192. **starfish** [staːrfɪʃ][스타피쉬]

n 불가사리

1193. **snail** [sneɪl][스네일]

n 달팽이

1194. **root** [ruːt][루트]

n 뿌리

1195. **leaf** [liːf][리프]

n 잎

복습하기 5주   ※다음 단어의 뜻을 써보세요.

1. borrow	
2. bottom	
3. break	
4. black	
5. blue	
6. body	
7. bone	
8. book	
9. boot	
10. boy	
11. brain	
12. brave	

1186. **shrimp** [ʃrɪmp][쉬림프]
n 새우

1187. **crawfish** [ˈkrɔːfɪʃ][크러피쉬]
n 가재

1188. **catfish** [ˈkætfɪʃ][캣피쉬]
n 메기

1189. **shark** [ʃɑːrk][샤크]
n 상어

1190. **jellyfish** [ˈdʒelifɪʃ][젤리피쉬]
n 해파리

미안함을 표시할 때

★ 실례합니다. / 미안합니다.

Excuse me.
익스큐즈   미

★ 미안합니다.

I'm sorry.
아임   쏘리

★ 정말 죄송합니다.

I'm really sorry.
아임   륄리   쏘리

1181. **octopus** [ˈɑːktəpəs][악터퍼스]
n 문어

1182. **squid** [skwɪd][스퀴드]
n 오징어

1183. **crab** [kræb][크랩]
n 게

1184. **beka squid** [ˈbike skwɪd][비커 스퀴드]
꼴뚜기

1185. **small octopus** [smɔːl ˈɑːktəpəs][스몰 악터퍼스]
낙지

[2부] 주제별 일상단어 500

126. **breakfast** ['brekfəst][브렉퍼스트]
n 아침식사

127. **bridge** [brɪdʒ][브릿쥐]
n 다리

128. **bright** [braɪt][브라이트]
adj 밝은, 똑똑한

129. **bring** [brɪŋ][브링]
v 가지고 오다

130. **brother** ['brʌðə(r)][브라더]
n 남자형제

[2부]
주제별 일상단어
500

1176. **salmon** [ˈsæmen][쌔먼]
n 연어

1177. **carp** [kɑːrp][카프]
n 잉어

1178. **cod** [kɑːd][카드]
n 대구

1179. **crucian carp**
[krúːʃən kɑːrp][크루션 카프]
n 붕어

1180. **globefish** [glóubfiʃ][글로브피쉬]
n 복어

[2부] 주제별 일상단어 500

131. **brown** [braun][브라운]
adj., n 갈색(의)

132. **brush** [brʌʃ][브러시]
n 붓

133. **bubble** [ˈbʌbl][버블]
n 거품

134. **bug** [bʌg][벅]
n 작은 곤충, 벌레

135. **build** [bɪld][빌드]
v 건축하다, 짓다

329 / 365

★ 회화 문장 ★
47주

입국수속을 받을 때

★ 여권을 보여 주시겠습니까?
(May I see) Your passport, please?
(메아이 씨) 유어 패스포트 플리즈

★ 입국 목적은 무엇입니까?
What's the purpose of your visit?
왓츠 더 퍼포즈 어뷰어 비지트

★ 얼마나 체류하십니까? (체류 기간)
How long are you staying?
하우 롱 아 유 스테잉

[2부] 주제별 인사말 p.500

136. **burn** [bɜːrn][번:]
v 타다, 불사르다

137. **business** ['bɪznəs][비즈니스]
n 사업, 상업, 장사

138. **busy** ['bɪzi][비지]
adj 바쁜

139. **but** [bʌt][벗]
conj 그러나

140. **button** ['bʌtn][버튼]
n 단추

복습하기 47주 ※다음 단어의 뜻을 써보세요.

1. sparrow
2. woodpecker
3. tadpole
4. duck
5. penguin
6. chicken
7. peacock
8. parrot
9. dove
10. lizard
11. toad
12. frog

[2부] 주제별 입싸단어 500

141. **buy** [baɪ][바이]
v 사다

142. **by** [baɪ][바이]
prep ~옆에, ~가 한, ~로

143. **cage** [keɪdʒ][케이쥐]
n 새장, 우리

144. **calendar** [ˈkælɪndə(r)][캘린더]
n 달력

145. **call** [kɔːl][콜ː]
v ~라고 부르다, n 전화, 외침

SUMMER time

THE
WORLD

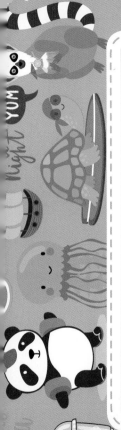

1171. crocodile [ˈkrɑːkədaɪl][크라커다일]
🟦 악어

1172. turtle [ˈtɜːrtl][터틀]
🟦 거북이

1173. snake [sneɪk][스네익]
🟦 뱀

1174. earthworm [ˈɜːrθwɜːrm][얼쓰웜]
🟦 지렁이

1175. chameleon [kəˈmiːliən][커밀리언]
🟦 카멜레온

[2부] 주제별 일상단어 500

146. **calm** [kɑːm][캄ː]
adj 침착한, 차분한, v 진정시키다

147. **can** [kæn][캔]
~할 수 있다, n 깡통

148. **candy** [ˈkændi][캔디]
n 사탕

149. **cap** [kæp][캡]
n 모자

150. **captain** [ˈkæptɪn][캡틴]
n 선장

1166. **cobra** [ˈkoʊbrə][코우브러]

n 코브라

1167. **toad** [toud][토우드]

n 두꺼비

1168. **tadpole** [ˈtædpoʊl][태드포울]

n 올챙이

1169. **salamander** [ˈsæləmændə(r)][샐러맨더]

n 도롱뇽

1170. **frog** [frɔːg][프러그]

n 개구리

복습하기 6주

※ 다음 단어의 뜻을 써보세요.

1. but
2. can
3. captain
4. breakfast
5. bridge
6. bring
7. brother
8. brown
9. build
10. busy
11. buy
12. calendar

1161. **dove** [dʌv][더브]
n 비둘기

1162. **woodpecker** [wʊdpekə(r)][우드페커]
n 딱따구리

1163. **boa constrictor**
[ˈbəʊə kənstrɪktə(r)][보아 컨스트릭터]
보아뱀

1164. **lizard** [ˈlɪzərd][리저드]
n 도마뱀

1165. **iguana** [ɪˈɡwɑːnə][이구아나]
n 이구아나

★ 괜찮습니다.
That's all right.
댓츠 올 롸잇

★ 괜찮아요.
That's O.K.
댓츠 오케이

★ 걱정하지 마세요.
Don't worry about it.
돈 워리 어바웃잇

1156. **chicken** [ˈtʃɪkɪn][취킨]
n 닭

1157. **peacock** [ˈpiːkɑːk][피콕]
n 공작

1158. **parrot** [ˈpærət][패럿]
n 앵무새

1159. **wild goose** [ˌwaɪld ˈguːs][와일드 구스]
기러기

1160. **goose** [guːs][구스]
n 거위

151. **car** [kɑː(r)][카-]
n 자동차

152. **care** [ker][케어]
n 돌봄, 조심, 주의

153. **carrot** ['kærət][캐롯]
n 당근

154. **carry** ['kæri][캐리]
v 나르다

155. **cart** [kɑːrt][카-트]
n 수레, 손수레

[2부]
주제별 일상단어
500

1151. **sparrow** [sparou][스패로우]
n 참새

1152. **crane** [kreɪn][크레인]
n 학

1153. **duck** [dʌk][덕]
n 오리

1154. **penguin** [ˈpeŋgwɪn][펭귄]
n 펭귄

1155. **swallow** [swɑːlou][스월로우]
n 제비

[2부] 주제별 일상단어 500

156.
case [keɪs][케이스]
n 경우, 상자

157.
cash [kæʃ][캐쉬]
n 현금

158.
castle [ˈkæsl][캐슬]
n 성

159.
cat [kæt][캣]
n 고양이

160.
catch [kætʃ][캐취]
v 잡다

SUMMER time

THE
WORLD

비행기 안에서 좌석을 찾을 때

★ 제 자리는 어디입니까?
Where's my seat, please?
웨얼즈   마이 씨트   플리즈

★ 탑승권을 보여 주시겠습니까?
Would you show me your
우쥬   쇼   미   유어

boarding pass?
보딩   패스

★ 미안합니다, 지나갈게요.
Excuse me, I'd like to get through.
익스큐즈   미   아이드 라익 투 겟   쓰루

[2부] 주제별 일상단어 500

161. **certain** ['sɜːrtn][썰튼]
adj 확실한, 확신하는

162. **chain** [tʃeɪn][체인]
n 사슬, 쇠줄

163. **chair** [tʃer][체어]
n 의자

164. **chance** [tʃæns][챈스]
n 기회

165. **change** [tʃeɪndʒ][체인쥐]
v 바꾸다, 바뀌다, n 변화

복습하기 46주 ※다음 단어의 뜻을 써보세요.

1. rhinoceros

2. firefly

3. owl

4. kangaroo

5. bat

6. dragonfly

7. spider

8. cockroach

9. cricket

10. grasshopper

11. butterfly

12. eagle

[2부] 주제별 영어단어 500

166. **cheap** [tʃiːp][칩ː]
adj 싼, 저렴한

167. **check / cheque** [tʃek][체크]
n 수표

168. **child** [tʃaɪld][촤일드]
n 어린이

169. **choose** [tʃuːz][츄ː즈]
v 고르다

170. **church** [tʃɜːrtʃ][쳐ː치]
n 교회

1146. **eagle** [ˈiːɡl][이글]
ⓝ 독수리

1147. **owl** [aʊl][아울]
ⓝ 부엉이

1148. **falcon** [ˈfælkən][팰컨]
ⓝ 매

1149. **magpie** [ˈmæɡpaɪ][맥파이]
ⓝ 까치

1150. **crow** [kroʊ][크로우]
ⓝ 까마귀

[2부] 주제별 일상단어 500

171. **cinema** ['sɪnəmə][씨네마]
n 영화관, 영화

172. **circle** ['sɜːrkl][써:클]
n 원

173. **city** ['sɪti][씨티]
n 도시

174. **class** [klæs][클래스]
n 학급, 수업

175. **classroom** ['klæsruːm][클래스룸:]
n 교실

1141. **grasshopper**
['græshɑːpər][그래스하퍼]
n 메뚜기

1142. **mantis** [mǽntis][맨티스]
n 사마귀

1143. **butterfly** ['bʌtərflaɪ][버터플라이]
n 나비

1144. **scorpion** [skɔːrpiən][스코피언]
n 전갈

1145. **pond skater**
[pɑːnd 'skeɪtə(r)][판 스케이터]
소금쟁이

1. castle
2. chance
3. city
4. car
5. carry
6. cat
7. catch
8. chair
9. change
10. child
11. choose
12. circle

318 / 365

1136. **cockroach** [ˈkɑːkroʊtʃ][칵크로취]

n 바퀴벌레

1137. **cricket** [ˈkrɪkɪt][크리킷]

n 귀뚜라미

1138. **chafer** [tʃéifər][체이프]

n 풍뎅이

1139. **ladybird** [ˈleɪdibɜːrd][레이디버드]

n 무당벌레

1140. **firefly** [faɪərflaɪ][파이어플라이]

n 반딧불이

누군가에게 말을 걸 때

★ 말씀드릴 게 좀 있습니다.
I need to tell you something.
아이 니 투 텔 유 썸띵

★ 드릴 말씀이 있는데요.
I tell you what.
아이 텔 유 왓

★ 잠깐 이야기를 나누고 싶은데요.
I'd like to have a word with you.
아이드 라익 투 해브 어 워드 위듀

[1부] 교육부 지정 초등 기본 영단어 800

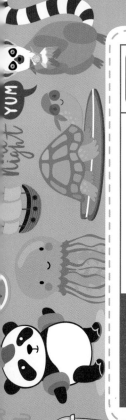

1131. **mosquito** [mə'skiːtou][모스퀴토]
n 모기

1132. **fly** [flaɪ][플라이]
n 파리

1133. **dragonfly** ['drægənflaɪ][드래건플라이]
n 잠자리

1134. **spider** ['spaɪdə(r)][스파이더]
n 거미

1135. **cicada** [sɪ'keɪdə][씨케이더]
n 매미

176.
clean [kliːn][클린:]
adj 깨끗한

177.
clear [klɪr][클리어]
adj 분명한, 확실한

178.
clerk [klɜːrk][클럭:]
n 점원

179.
clever ['klevə(r)][클레버]
adj 영리한

180.
climb [klaɪm][클라임]
v 오르다

1126. **mole** [moʊl][모울]

n 두더지

1127. **rhinoceros** [raɪˈnɑːsərəs][라이ㄴ써러스]

n 코뿔소

1128. **red panda** [ˌred ˈpændə][레드 팬더]

레드판다

1129. **kangaroo** [ˌkæŋgəˈruː][캥거루]

n 캥거루

1130. **bat** [bæt][뱃]

n 박쥐

181. **clip** [klɪp][클립]
n 핀, 클립

182. **clock** [klɑːk][클락]
n 시계

183. **close** [klouz/klous][클로우즈/클로우스]
v 닫다, adj 가까운

184. **cloth** [klɔːθ][클로ː쓰]
n 천, 옷감

185. **cloud** [klaud][클라우드]
n 구름

시간을 물을 때, 시간을 말할 때

★ 지금 몇 시죠?
What time is it now?
왓　타임　이즈 잇 나우

★ 오전 8시 15분입니다.
It's a quarter after 8 in the
잇춰　쿼터　애흐터　에잇 인 더
morning.
모닝

★ 아직 7시밖에 안 되었어요.
It's still only seven o'clock.
잇츠　스틸　온리　쎄븐　어클락

186. **club** [klʌb][클럽]
n 클럽, 동호회

187. **coin** [kɔɪn][코인]
n 동전, 주화

188. **cold** [koʊld][코울드]
adj 추운, n 추위

189. **collect** [kəˈlekt][컬렉트]
v 모으다

190. **college** [ˈkɑːlɪdʒ][칼ː리쥐]
n 대학

복습하기 45주

※다음 단어의 뜻을 써보세요.

1. thirtieth
2. squirrel
3. polar bear
4. twenty sixth
5. thirty first
6. deer
7. giraffe
8. camel
9. fox
10. wolf
11. whale
12. sheep

[2부] 주제별 인사이드 500

191. color / colour [ˈkʌlə(r)][컬러]

n 색깔

192. come [kʌm][컴]

v 오다

193. comedy [ˈkɑːmədi][카:메디]

n 희극

194. company [ˈkʌmpəni][컴퍼니]

n 회사, 함께 있음

195. concert [ˈkɑːnsərt][콘:써트]

n 연주회, 콘서트

1121. **koala** [kouˈɑːlə][코알라]

n 코알라

1122. **sheep** [ʃiːp][쉽]

n 양

1123. **hippo** [hípou][히뽀]

n 하마

1124. **polar bear** [ˌpoulə'ber][포울러 베어]

북극곰

1125. **seal** [siːl][씰]

n 바다표범

196. **condition** [kənˈdɪʃn][컨디션]
n 상태

197. **congratulate**
[kənˈgrætʃuleɪt][컹그래츌레이트]
v 축하하다

198. **contest** [ˈkɑːntest][칸:테스트]
n 대회, v 시합

199. **control** [kənˈtroʊl][컨트롤]
n 지배, v 지배하다

200. **cook** [kʊk][쿡]
n 요리사, v 요리하다

SUMMER time

THE WORLD

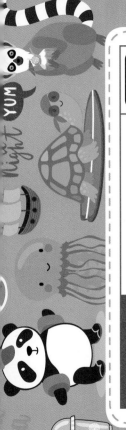

1116. **goat** [ɡoʊt][고우트]
n 염소

1117. **leopard** [ˈlepərd][레퍼드]
n 표범

1118. **fox** [fɑːks][팍스]
n 여우

1119. **wolf** [wʊlf][울프]
n 늑대

1120. **whale** [weɪl][웨일]
n 고래

복습하기 8주

※ 다음 단어의 뜻을 써보세요.

1. close	
2. cold	
3. color/colour	
4. clean	
5. clerk	
6. clever	
7. clock	
8. cloud	
9. collect	
10. come	
11. company	
12. congratulate	

[1부] 교육부 지정 초등 기본 영단어 800

1111. **deer** [dɪr][디어]

n 사슴

1112. **panda** [ˈpændə][팬더]

n 팬더(판다)

1113. **giraffe** [dʒəˈræf][쥐래프

n 기린

1114. **squirrel** [ˈskwɜːrəl][스쿼럴]

n 다람쥐

1115. **camel** [ˈkæml][캐멀]

n 낙타

★ 다시 말씀해 주시겠어요?

I beg your pardon?

아이 베그유어 파든

★ 다시 한 번 말씀해 주십시오.

Please say that again.

플리즈 쎄이 댓 어겐

★ 천천히 말씀해 주시겠어요?

Could you possibly slow down a bit?

쿠쥬 파써블리 슬로 다우너 빗

1106. twenty seventh
[ˌtwenti ˈsɛvənθ][트웬티 쎄븐쓰]
27일

1107. twenty eighth [ˌtwenti eɪtθ][트웬티 에잇쓰]
28일

1108. twenty ninth [ˌtwenti naɪnθ][트웬티 나인쓰]
29일

1109. thirtieth [θɜ́ːrtiɪθ][써티쓰]
30일

1110. thirty first [ˈθɜːrti fɜːrst][써티 펄스트]
31일

201. **cookie / cooky** ['kʊki][쿠키]
n 과자

202. **cool** [kuːl][쿨ː]
adj 시원한, 서늘한, v 식다, 식히다

203. **copy** ['kɑpi][카ː피]
n 복사(본), v 복사하다

204. **corner** ['kɔːrnə(r)][코ː너]
n 모서리, 모퉁이

205. **cost** [kɔːst][코ː스트]
n 값, 비용

1101. **twenty second** ['twenti 'sekənd][트웬티 쎄컨드]

22일

1102. **twenty third** ['twenti θɜːrd][트웬티 써드]

23일

1103. **twenty fourth** ['twenti fɔːrθ][트웬티 폴쓰]

24일

1104. **twenty fifth** ['twenti fifθ][트웬티 핍쓰]

25일

1105. **twenty sixth** ['twenti sɪksθ][트웬티 씩쓰]

26일

206. **cotton** [ˈkɑːtn][코튼]
n 목화, 면직물

207. **could** [kʊd][쿠드]
(can의 과거형)

208. **country** [ˈkʌntri][컨츄리]
n 국가, 나라, 지역

209. **countryside** [ˈkʌntrisaɪd][컨츄리싸이드]
n 시골 지역

210. **couple** [ˈkʌpl][커플]
n 두 사람

날씨를 물을 때, 날씨를 말할 때

★ 오늘 날씨 어때요?
What's the weather like today?
왓츠　더　웨더　라익　투데이

★ 햇볕이 좋아요.
It's sunny.
잇츠　써니

★ 억수같이 퍼부어요.
It's pouring.
잇츠　푸어링

[2부] 주제별 인사말 500

211. **cousin** [ˈkʌzn][카즌]
n 사촌

212. **cover** [ˈkʌvə(r)][카버]
v 씌우다, 덮다, n 덮개

213. **cow** [kaʊ][카우]
n 암소, 젖소

214. **crazy** [ˈkreɪzi][크레이지]
adj 정상이 아닌

215. **cross** [krɔːs][크로스]
n 십자, 십자가, v 건너다

복습하기 44주 ※다음 단어의 뜻을 써보세요.

1. October

2. first

3. second

4. December

5. third

6. fourth

7. fifth

8. eighth

9. ninth

10. tenth

11. twelfth

12. sixteenth

216. **crowd** [kraʊd][크라우드]
n 사람들, 군중

217. **crown** [kraʊn][크라운]
n 왕관

218. **cry** [kraɪ][크라이]
v 울다, 외치다

219. **culture** [ˈkʌltʃə(r)][컬처]
n 문화

220. **curious** [ˈkjʊriəs][큐리어스]
adj 궁금한, 호기심이 많은

1096. seventeenth [sévəntì:nθ][쎄븐틴쓰]

n 17일

1097. eighteenth [èití:nθ][에잇틴쓰]

n 18일

1098. nineteenth [nàintí:nθ][나인틴쓰]

n 19일

1099. twentieth [twéntiəθ][트웬티쓰]

n 20일

1100. twenty first [twenti fəːrst][트웬티 펄스트]

21일

221. **curtain** [ˈkɜːrtn][커:튼]
n 커튼

222. **customer** [ˈkʌstəmə(r)][커스터머]
n 고객, 손님

223. **cut** [kʌt][컷]
v 베다, 자르다, n 상처

224. **cute** [kjuːt][큐:트]
adj 귀여운

225. **cycle** [ˈsaɪkl][싸이클]
n 자전거, 순환

1091. twelfth [twelfθ][트웰프쓰]

n 12일

1092. thirteenth [θəːrtíːnθ][썰틴쓰]

n 13일

1093. fourteenth [fɔːrtíːnθ][폴틴쓰]

n 14일

1094. fifteenth [fiftíːnθ][핍틴쓰]

n 15일

1095. sixteenth [sikstíːnθ][씩스틴쓰]

n 16일

1. cookie/cooky

2. could

3. customer

4. cool

5. corner

6. country

7. cousin

8. cow

9. crowd

10. cry

11. culture

12. cut

SUMMER time

1086. **seventh** [ˈsevnθ][쎄븐쓰]

　n 7일

1087. **eighth** [eɪtθ][에잇쓰]

　n 8일

1088. **ninth** [naɪnθ][나인쓰]

　n 9일

1089. **tenth** [tenθ][텐쓰]

　n 10일

1090. **eleventh** [ilévənθ][일레븐쓰]

　n 11일

[2부] 주제별 일상단어 500

★ 아니요.
No.
노

★ 유감스럽지만, 안 되겠어요.
I'm afraid not.
아임 어프레이드 낫

★ 미안하지만 그렇게는 안 되겠는데요.
I'm sorry, but I can't do it.
아임 쏘리 벗 아이 캔트 두 잇

1081. **second** [sékənd][쎄컨드]

　n 2일

1082. **third** [θɜːrd][써드]

　n 3일

1083. **fourth** [fɔːrθ][폴쓰]

　n 4일

1084. **fifth** [fɪfθ][피프쓰]

　n 5일

1085. **sixth** [sɪksθ][씩쓰]

　n 6일

226. **dad** [dæd][댇]
n 아빠

227. **dance** [dæns][댄스]
n 춤

228. **danger** [deɪndʒə(r)][데인저]
n 위험

229. **dark** [dɑːrk][다ː크]
adj 어두운, 캄캄한

230. **date** [deɪt][데이트]
n 날짜

1076. **September** [sep'tembə(r)][셉템버]
n 9월

1077. **October** [ɑːk'toubə(r)][악토버]
n 10월

1078. **November** [nou'vembə(r)][노벰버]
n 11월

1079. **December** [dɪ'sembə(r)][디셈버]
n 12월

1080. **first** [fɜːrst][펄스트]
n 1일

[2부] 주제별 일상단어 500

231. **daughter** [dɔ:tə(r)][도우러]
n 딸

232. **day** [deɪ][데이]
n 하루, 날

233. **dead** [ded][데드]
adj 죽은

234. **death** [deθ][데쓰]
n 죽음

235. **decide** [dɪˈsaɪd][디싸이드]
v 결정하다

성격을 물을 때, 자신의 성격을 말할 때

★ 당신의 성격은 어땠습니까?
What is your personality like?
왓　이즈 유어　퍼스낼러디　라익

★ 저는 늘 활동적입니다.
I'm always on the move.
아임 올웨이즈　온　더　무브

★ 내성적이라고 생각합니다.
I think I'm an introvert.
아이 씽ㅋ　아임　인　인트로벗ㅌ

[2부] 주제별 일상단어 500

236. **deep** [diːp][딥ː]
adj 깊은

237. **delicious** [dɪˈlɪʃəs][딜리셔스]
adj 맛있는

238. **dentist** [ˈdentɪst][덴티스트]
n 치과의사

239. **design** [dɪˈzaɪn][디자인]
n 디자인

240. **desk** [desk][데스크]
n 책상

복습하기 43주   ※다음 단어의 뜻을 써보세요.

1. highlighter
2. Wednesday
3. February
4. compass
5. spring
6. summer
7. winter
8. Tuesday
9. Saturday
10. April
11. June
12. July

241. **dialogue / dialog**
['daɪəlɔːg][다이얼로:그]
n 대화

242. **diary** ['daɪəri][다이어리]
n 수첩, 일기

243. **die** [daɪ][다이]
v 죽다

244. **different** ['dɪfrənt][디퍼런트]
adj 다른

245. **difficult** ['dɪfɪkəlt][디피컬트]
adj 어려운

1071. **April** [ˈeɪprəl][에이프릴]
n 4월

1072. **May** [meɪ][메이]
n 5월

1073. **June** [dʒuːn][준]
n 6월

1074. **July** [dʒuˈlaɪ][줄라이]
n 7월

1075. **August** [ˈɔːɡəst][어거스트]
n 8월

246. **dinner** ['dɪnə(r)][디너]
n 저녁식사

247. **dirty** ['dɜːrti][더:티]
adj 더러운, 지저분한

248. **discuss** [dɪ'skʌs][디스커스]
v 논의하다

249. **dish** [dɪʃ][디쉬]
n 접시, 설거지감, 요리

250. **divide** [dɪ'vaɪd][디바이드]
v 나누다

298 / 365

1066. **Saturday** [ˈsætərdeɪ][쎄러데이]
ⓝ 토요일

1067. **Sunday** [ˈsʌndeɪ][썬데이]
ⓝ 일요일

1068. **January** [ˈdʒænjueri][재뉴어리]
ⓝ 1월

1069. **February** [ˈfebrueri] [페브러리]
ⓝ 2월

1070. **March** [mɑːrtʃ][마취]
ⓝ 3월

[2부] 주제별 일상단어 500

1. dance

2. decide

3. divide

4. dad

5. daughter

6. day

7. desk

8. dialogue/dialog

9. die

10. different

11. difficult

12. dinner

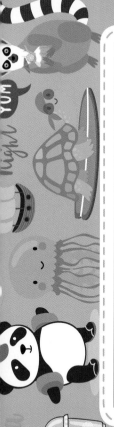

297 / 365

1061. Monday [ˈmʌndeɪ][먼데이]

n 월요일

1062. Tuesday [tuːzdeɪ][튜즈데이]

n 화요일

1063. Wednesday [wenzdeɪ][웬즈데이]

n 수요일

1064. Thursday [ˈθɜːrzdeɪ][썰즈데이]

n 목요일

1065. Friday [fraɪdeɪ][프라이데이]

n 금요일

긍정적으로 대답할 때

★ 좋아요.
Sure.
슈어

★ 좋아.
Fine.
화인

★ 기꺼이 그러죠.
I'd be glad to.
아이드 비 글래드 투

1056. **spring** [sprɪŋ][스프링]

n 봄

1057. **summer** [ˈsʌmə(r)][써머]

n 여름

1058. **fall** [fɔːl][폴]

n 가을

1059. **winter** [ˈwɪntə(r)][윈터]

n 겨울

1060. **calendar** [ˈkælɪndə(r)][캘린더]

n 달력

[2부] 주제별 일상단어 500

251. **do** [duː][두ː]
v 하다

252. **doctor** [ˈdɑːktə(r)][다ː닥터]
n 의사

253. **dog** [dɔːɡ][도ː그]
n 개

254. **doll** [dɑːl][돌ː]
n 인형

255. **dolphin** [ˈdɑːlfɪn][돌ː핀]
n 돌고래

1051. **marker pen** [ˈmɑːrkər pen][마커 펜]
매직펜

1052. **felt-tip pen** [ˌfelttɪp ˈpen][펠트팁 펜]
사인펜

1053. **highlighter** [ˈhaɪlaɪtə(r)][하이라이터]
n 형광펜

1054. **tape** [teɪp][테입]
n 테이프

1055. **compass** [ˈkʌmpəs][컴퍼스]
n 컴퍼스

[2부] 주제별 일상단어 500

256. **door** [dɔː(r)][도:어]
n 문

257. **double** [ˈdʌbl][더블]
adj 두 배의

258. **down** [daʊn][다운]
adv 아래로, 아래에

259. **draw** [drɔː][드로우]
v 그리다, 당기다

260. **dream** [driːm][드림:]
n 꿈, v 꿈을 꾸다

외모(키)에 대해서 물을 때

★ 키가 얼마나 되죠?
How tall are you?
하우 톨 아 유

★ 5피트 3인치입니다.
I'm five feet three inches.
아임 화이브 휫트 쓰리 인치스

★ 저는 키가 약간 작습니다.
I'm a little short.
아임 어 리틀 숄트

[2부] 주제별 인사말 500

261. **drink** [drɪŋk][드링크]
n 마실 것, **v** 마시다

262. **drive** [draɪv][드라이브]
v 운전하다, 태워다 주다

263. **drop** [drɑːp][드랍]
v 떨어지다, 떨어뜨리다

264. **dry** [draɪ][드라이]
adj 마른, **v** 마르다, 말리다

265. **duck** [dʌk][덕]
n 오리

복습하기 42주   ※다음 단어의 뜻을 써보세요.

1. ball-point pen

2. blackboard

3. scissors

4. pencil

5. book

6. pencil case

7. colored pencil

8. pencil sharpener

9. glue

10. ruler

11. sketchbook

12. lead

266. **during** ['dʊərɪŋ][듀링]
prep ~동안, ~중에

267. **ear** [ɪr][이어]
n 귀

268. **early** ['ɜːrli][얼:리]
adj 이른, adv 일찍

269. **earth** [ɜːrθ][얼:쓰]
n 지구, 땅

270. **east** [iːst][이:스트]
n 동쪽

SUMMER time

WORLD

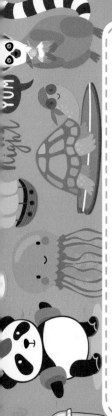

[2부]
주제별 일상단어
500

1046. **stapler** ['steɪplə(r)][스테이플러]

ⓝ 스테이플러

1047. **sketchbook** ['sketʃbʊk][스케치북]

ⓝ 스케치북

1048. **lead** [led][레드]

ⓝ 샤프심

1049. **utility knife** [juːˈtɪləti naɪf][유틸리티 나잎]

칼

1050. **file** [faɪl][파일]

ⓝ 파일

271. **easy** ['iːzi][이ː지]
adj 쉬운

272. **eat** [iːt][이ː트]
v 먹다

273. **egg** [eg][에그]
n 달걀

274. **elementary** [ˌelɪˈmentri][엘리멘터리]
adj 초보의, 초급의

275. **elephant** [ˈelɪfənt][엘리펀트]
n 코끼리

1041. **scissors** [ˈsɪzərz][씨저ㅅ]

n 가위

1042. **glue** [gluː][글루]

n 풀

1043. **paint** [peɪnt][페인트]

n 물감

1044. **ink** [ɪŋk][잉크]

n 잉크

1045. **ruler** [ˈruːlə(r)][룰러]

n 자

[2부] 주제별 일상단어 500

1. do

2. dream

3. elementary

4. doctor

5. dog

6. door

7. drink

8. drop

9. duck

10. ear

11. earth

12. eat

[2부]
주제별 일상단어
500

1036. fountain pen [ˈfaʊntɪn ˌpen][파운튼 펜]
만년필

1037. clip [klɪp][클립]
n 클립

1038. pencil sharpener [ˈpensəl ˈʃɑːrpənə(r)][펜슬 ʃ[ㅏ]프너]
연필깎이

1039. pastel crayon [pæˈstel ˈkreɪən][파스텔 크레이온]
크레파스

1040. correction fluid [kəˈrekʃən ˌfluːɪd][커렉션 플루이드]
화이트

★ 맞아요.
That's right.
댓츠 롸잇

★ 바로 그겁니다. / 맞아요.
That's it.
댓츠 잇

★ 물론이죠.
Of course.
업 콜스

1031. blackboard eraser
[ˈblækbɔːrd ɪˈreɪsər][블랙보드 이레이써]
칠판지우개

1032. pencil case
[ˈpensəl ˌkeɪs][펜슬 케이스]
필통

1033. mechanical pencil
[məˈkænɪkəl ˈpensəl][미캐니컬 펜슬]
샤프

1034. colored pencil
[ˈkʌlərd ˈpensəl][컬러드 펜슬]
색연필

1035. tack [tæk][택]
n 압정

276. **end** [end][엔드]
n 끝, v 끝나다, 끝내다

277. **engine** ['endʒɪn][엔진]
n 엔진

278. **engineer** [endʒɪˈnɪr][엔지니어]
n 기술자

279. **enjoy** [ɪnˈdʒɔɪ][인조이]
v 즐기다

280. **enough** [ɪˈnʌf][이너프]
adj 충분한

288 / 365

1026. ballpoint pen
[ˈbɑːlpɔɪnt ˈpen][볼포인트 펜]
볼펜

1027. pencil [ˈpensəl][펜슬]
n 연필

1028. notebook [ˈnoʊtbʊk][놋북]
n 노트북 컴퓨터

1029. book [bʊk][북]
n 책

1030. blackboard [ˈblækbɔːrd][블랙보드]
n 칠판

281. **enter** ['entə(r)][엔터]
v 들어가다

282. **eraser** [ɪˈreɪsər][이레이저]
n 지우개

283. **error** ['erə(r)][에러]
n 실수, 오류

284. **evening** ['iːvnɪŋ][이:브닝]
n 저녁

285. **every** ['evri][에브리]
adj 모든

SUMMER time

THE WORLD

취미에 대해서 묻거나 말할 때

★ 취미가 뭡니까?
What is your hobby?
와리스   유어   하비

★ 무엇에 흥미가 있으세요?
What are you interested in?
와라   유   인터레스티드   인

★ 제 취미는 음악 감상입니다.
My hobby is listening to music.
마이   하비   이즈 리스닝   투 뮤직

286. **exam** [ɪɡ'zæm][이그잼]
n 시험

287. **example** [ɪɡ'zæmpl][이그잼플]
n 예

288. **exercise** ['eksərsaɪz][엑서사이즈]
n 운동, 연습

289. **exit** ['eɡzɪt][엑짓]
n 출구

290. **eye** [aɪ][아이]
n 눈

복습하기 41주 ※다음 단어의 뜻을 써보세요.

1. mid-term exam

2. semester

3. ethics

4. final exam

5. admission

6. graduation

7. homework

8. law

9. essay

10. marking

11. cheating

12. notebook

291. **face** [feɪs][페이스]
n 얼굴

292. **fact** [fækt][팩트]
n 사실

293. **factory** [fæktəri][팩토리]
n 공장

294. **fail** [feɪl][페일]
v 실패하다

295. **fall** [fɔːl][폴:]
v 넘어지다, n 가을

1021. marking [ˈmɑːrkɪŋ][마킹]
n 채점

1022. tuition [tuˈɪʃn][투이션]
n 등록금

1023. cheating [ˈtʃiːtɪŋ][취딩]
n 컨닝

1024. notebook [ˈnoutbʊk][놋북]
n 공책(노트)

1025. eraser [ɪréisər][이레이써]
n 지우개

296. **family** [ˈfæməli][패밀리]
n 가족

297. **famous** [ˈfeɪməs][페이머스]
adj 유명한

298. **fan** [fæn][팬]
n 팬, 선풍기

299. **fantastic** [fænˈtæstɪk][판타스틱]
adj 환상적인

300. **far** [fɑː(r)][파:]
adj 먼

1016. **sociology** [ˌsoʊsiˈɑːlədʒi][쏘씨얼러쥐]
n. 사회학

1017. **ethics** [éθiks][에씩스]
n. 윤리

1018. **physics** [fízɪks][피직스]
n. 물리

1019. **scholarship** [ˈskɑːlərʃɪp][스칼러쉽]
n. 장학금

1020. **essay** [ˈeseɪ][에쎄이]
n. 논술

beach

MOMENTS

복습하기 12주　　※다음 단어의 뜻을 써보세요.

1. end
2. fall
3. far
4. engineer
5. enjoy
6. enter
7. eraser
8. evening
9. exam
10. eye
11. face
12. family

[1부] 교육부 지정 초등 기본 영단어 800

1011. **biology** [baɪˈɑːlədʒi][바이얼러쥐]

n 생물

1012. **chemistry** [ˈkemɪstri][케미스트리]

n 화학

1013. **astronomy** [əˈstrɑːnəmi][어스트로너미]

n 천문학

1014. **law** [lɔː][로]

n 법률

1015. **politics** [ˈpɑːlətɪks][팔러틱스]

n 정치학

★ 이해하시겠어요?

Do you understand it?

두 유 언더스탠딩

★ 지금까지 제가 한 말을 이해하시겠어요?

Are you with me so far?

아 유 윗 미 소 화

★ 사정(내용)을 알았습니까?

Do you get the picture?

두 유 겟 더 픽처

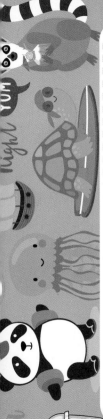

1006. semester [sɪˈmestə(r)][씨메스터]

n 학기

1007. philosophy [fəˈlɑːsəfi][필로소피]

n 철학

1008. literature [ˈlɪtrətʃʊr][리터러처]

n 문학

1009. commerce [ˈkɑːmɜːrs][카머스]

n 상업

1010. architecture [ˈɑːrkɪtektʃə(r)][아키텍처]

n 건축

301. **farm** [fɑːrm][팜ː]
n 농장

302. **fast** [fæst][패스트]
adj 빠른, adv 빨리

303. **fat** [fæt][팻]
adj 뚱뚱한, n 지방

304. **father** [ˈfɑːðə(r)][파ː더]
n 아버지

305. **favorite / favourite**
[ˈfeɪvərɪt][페이버릿]
adj 좋아하는

1001. mid-term exam [ˈmɪd ˌtɜːrm ɪɡˈzæm][미드텀 이그잼]
중간고사

1002. final exam [ˈfaɪnl ɪɡˈzæm][파이널 이그잼]
기말고사

1003. admission [ədˈmɪʃn][어드미션]
n 입학

1004. graduation [ˌɡrædʒuˈeɪʃn][그래쥬에이션]
n 졸업

1005. homework [ˈhoʊmwɜːrk][홈워크]
n 숙제

306. **feel** [fi:l][피:ㄹ]
ⅴ 느끼다, n 느낌

307. **fever** [ˈfiːvə(r)][피:버]
n 열

308. **field** [fiːld][피:ㄹ드]
n 들판

309. **fight** [faɪt][파잇트]
ⅴ 싸우다, n 싸움

310. **file** [faɪl][파일]
n 파일

컨디션에 대해 말할 때

★ 기분은 어때요?
How are you feeling?
하우 아 유 필링

★ 힘이 없어 보여.
You don't look very well.
유 돈 룩 베리 웰

★ 괜찮아요?
Are you all right?
아 유 올 라잇

[2부] 주제별 잉글리쉬 500

311. **fill** [fɪl][필]
v 채우다

312. **find** [faɪnd][파인드]
v 발견하다

313. **fine** [faɪn][파인]
adj 좋은, 건강한

314. **finger** [ˈfɪŋɡə(r)][핑거]
n 손가락

315. **finish** [ˈfɪnɪʃ][피니쉬]
v 끝내다, 끝나다

복습하기 40주 ※다음 단어의 뜻을 써보세요.

1. quarrel	
2. conversation	
3. physical education (PE)	
4. find	
5. dance	
6. fall	
7. read	
8. write	
9. catch	
10. English	
11. economics	
12. music	

316. **fire** [ˈfaɪə(r)][파이어]
n 불

317. **fish** [fɪʃ][피시]
n 물고기

318. **fix** [fɪks][픽스]
v 고정하다

319. **flag** [flæg][플래그]
n 깃발

320. **floor** [flɔː(r)][플로:어]
n 바닥

996. **geography** [dʒiˈɑːgrəfi][지오그래피]
n 지리

997. **history** [ˈhɪstri][히스토리]
n 역사

998. **music** [ˈmjuːzɪk][뮤직]
n 음악

999. **physical education (PE)**
[ˈfɪzɪkəl edʒuˈkeɪʃən][피지컬 에듀케이션]
체육

1000. **dictation** [dɪkˈteɪən][딕테이션]
n 받아쓰기

321. **flower** [ˈflaʊə(r)][플라워]
n 꽃

322. **fly** [flaɪ][플라이]
v 날다, 날리다

323. **focus** [ˈfoʊkəs][포커스]
v 집중하다, n 초점

324. **fog** [fɔːg][포:그]
n 안개

325. **food** [fuːd][푸:드]
n 식품, 음식

SUMMER time

WORLD

[2부]
주제별 일상단어
500

991. **English** [ˈɪŋglɪʃ][잉글리쉬]
n 영어

992. **Chinese** [ˌtʃaɪˈniːz][차이니즈]
n 중국어

993. **Japanese** [dʒæ̀pəníːz][재패니즈]
n 일본어

994. **economics** [ìːkəˈnɒmɪks][이코노믹스]
n 경제

995. **technology** [tekˈnɑːlədʒi][테크널러쥐]
n 기술

beach

복습하기 13주

※다음 단어의 뜻을 써보세요.

1. fight
2. fix
3. focus
4. fast
5. father
6. favorite/favourite
7. feel
8. find
9. fine
10. finger
11. fire
12. flower

986. **conversation**
[ˌkɑːnvəˈseɪʃən][컨벌세이션]
🅝 대화

987. **write** [raɪt][라잇]
🅥 쓰다

988. **throw** [θroʊ][쓰로우]
🅥 던지다

989. **catch** [kætʃ][캐취]
🅥 잡다

990. **encourage** [ɪnˈkɜːrɪdʒ][인커리쥐]
🅥 격려하다

[2부] 주제별 일상단어 500

대화를 꺼내거나 화제를 바꾸고 싶을 때

★ <u>스포츠에 대해 얘기합시다.</u>
Let's talk about sports.
렛츠 토크어바웃 스포츠

★ 무엇가 재미있는 걸 생각해 봅시다.
Let's think of something nice to talk about.
렛츠 씽커브 썸씽 나이스 투
토크어바웃

★ 당신에게 말하고 싶은 게 있는데요.
Let me tell you something.
렛 미 텔 유 썸씽

[1부] 교육부 지정 초등 기본 영단어 800

981. **fall** [fɔːl][폴]
v 넘어지다

982. **read** [riːd][리드]
v 읽다

983. **fight** [faɪt][파잇]
v 싸우다

984. **quarrel** [ˈkwɔːrəl][쿼럴]
v 말다툼하다

985. **greeting** [ˈɡriːtɪŋ][그리팅]
n 인사

326. **fool** [fuːl][푸울]
n 바보, 광대

327. **foot** [fʊt][풋]
n 발

328. **football** [ˈfʊtbɔːl][풋볼]
n 축구

329. **for** [fɔː(r)][포:]
prep ~를 위한

330. **forest** [ˈfɒrɪst][포.리스트]
n 숲

976. **clap** [klæp] [클랩]
    v 박수치다

977. **find** [faind] [파인드]
    v 찾다

978. **shake** [ʃeɪk] [셰익]
    v 흔들다

979. **dance** [dæns] [댄스]
    v 춤추다

980. **jump** [dʒʌmp] [점프]
    v 뛰어오르다

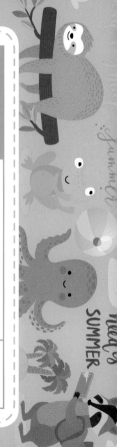

331. **forever** [fərˈevə(r)][포에버]
adv 영원히

332. **forget** [fərˈget][풀겟]
v 잊어버리다

333. **form** [fɔːrm][뽐:]
n 형태

334. **fox** [faːks][빡스]
n 여우

335. **free** [friː][쁘리:]
adj 자유로운

주거/거주지에 대해서 말할 때

★ 어디에서 사세요?
Where do you live?
웨얼 두 유 립

★ 서울 교외에서 살고 있어요.
I live in the suburbs of Seoul.
아이 리빈 더 써법스 엄 서울

★ 그곳까지 얼마나 걸립니까?
How long does it take to get there?
하우 롱 더즈 잇 테익 투 겟 데어

[2부] 주제별 일상단어 500

336. **fresh** [freʃ][프레쉬]
adj 신선한

337. **friend** [frend][프렌드]
n 친구

338. **frog** [frɔːg][프로:그]
n 개구리

339. **from** [frɑːm][프람:]
prep ~부터

340. **front** [frʌnt][프런트]
n 앞면, 앞쪽

복습하기 39주 ※다음 단어의 뜻을 써보세요.

1. take off
2. open a window
3. turn off the light
4. wear
5. come
6. stand
7. walk
8. work
9. laugh
10. enter
11. ask
12. answer

341. **fruit** [fruːt][프루트]
n 과일

342. **fry** [fraɪ][프라이]
v 굽다, 튀기다

343. **full** [fʊl][풀]
adj 가득한

344. **fun** [fʌn][펀]
n 재미, adj 재미있는

345. **future** [ˈfjuːtʃə(r)][퓨:처]
n 미래

971. **answer** [ˈænsə(r)][앤써]
   v 대답하다

972. **stop** [stɑːp][스탑]
   v 멈추다

973. **move** [muːv][무브]
   v 움직이다

974. **go up** [고 업]
   올라가다

975. **go down** [고 다운]
   내려가다

[2부] 주제별 일상단어 500

346. **garden** ['gɑːrdn][가든]
n 정원

347. **gate** [geɪt][게이트]
n 문

348. **gentleman** ['dʒentlmən][젠틀맨]
n 신사

349. **gesture** ['dʒestʃə(r)][제스처]
n 몸짓

350. **get** [get][겟]
v 받다, 얻다

966. **laugh** [læf][래프]
v 웃다

967. **cry** [kraɪ] [크라이]
v 울다

968. **come out** [컴 아웃]
나오다

969. **enter** [ˈentə(r)][엔터]
v 들어가다

970. **ask** [æsk][애스크]
v 묻다

복습하기 14주 ※다음 단어의 뜻을 써보세요.

1. for
2. forever
3. from
4. foot
5. football
6. forget
7. free
8. friend
9. fruit
10. fun
11. future
12. garden

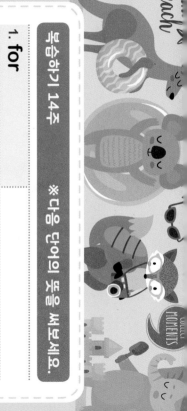

[1부] 교육부 지정 초등 기본 영단어 800

961. **stand** [stænd][스탠드]
   ▣ 서다

962. **walk** [wɔːk][워크]
   ▣ 걷다

963. **run** [rʌn][런]
   ▣ 달리다

964. **play** [pleɪ][플레이]
   ▣ 놀다

965. **work** [wɜːrk][월크]
   ▣ 일하다

상대방의 의견을 칭찬할 때

★ 훌륭한 의견 감사합니다.

Thanks for the great idea.
땡스   훠   더   그뤠잇   아이디어

★ 천만에요. 그 생각은 당신이 해낸 건대요.

Don't mention it. It was your idea.
돈   멘션   잇   잇 워즈 유어 아이디어

★ 당신 말에도 일리가 있어요.

You are partly right.
유   아   파틀리   롸잇

956. **turn on the light** [턴 온 더 라잇]
불을 켜다

957. **turn off the light** [턴 오프 더 라잇]
불을 끄다

958. **come** [kʌm][컴]
v 오다

959. **go** [gou][고]
v 가다

960. **sit** [sɪt][씻]
v 앉다

351. **ghost** [ɡoʊst][고스트]
n 유령

352. **giant** [ˈdʒaɪənt][자이언트]
n 거인, **adj** 거대한

353. **gift** [ɡɪft][기프트]
n 선물

354. **giraffe** [dʒəˈræf][지래프]
n 기린

355. **girl** [ɡɜːrl][걸ː]
n 소녀

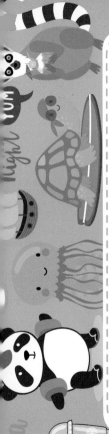

951. **wear** [wer][웨어]
v 옷을 입다

952. **take off** [테이커프]
옷을 벗다

953. **throw away garbage**
[쓰로우 어웨이 가비쥐]
쓰레기를 버리다

954. **open a window** [오픈 어 윈도우]
창문을 열다

955. **close a window** [클로즈 어 윈도우]
창문을 닫다

356. **give** [gɪv][기브]
v 주다

357. **glad** [glæd][글래드]
adj 기쁜

358. **glass** [glæs][글래스]
n 유리

359. **glove** [glʌv][글러브]
n 장갑

360. **glue** [gluː][글루:]
n 접착제

가족관계/가족에 관하여 표현할 때

★ 가족은 몇 분이나 됩니까?
How many people are there in
하우   매니   피플   아   데어   인

your family?
유어   훼밀리

★ 우리 가족은 네 명이에요.
We are a family of four.
위   아 러   훼밀리   어브 훠

★ 우리 가족은 어머니, 아버지, 여동생 그리고 저까지 네 명이에요.
We have four people in our family,
위   햅   훠   피플   인   아우어   훼밀리

my mother, father, sister and myself.
마이   마더   화더   씨스터   앤   마이쎌프

[2부] 주제별 인사말 500

361. **go** [goʊ][고우]
v 가다

362. **goal** [goʊl][고울]
n 골문, 골, 목표

363. **god** [gɑːd][갇]
n 신

364. **gold** [goʊld][골드]
n 금, **adj** 금빛의

365. **good** [gʊd][굳]
adj 좋은, **n** 선

복습하기 38주 ※다음 단어의 뜻을 써보세요.

1. yawning

2. Awesome!

3. do the dishes

4. tear

5. Excellent!

6. Good job!

7. wash one's face

8. clean

9. sleep

10. wake up

11. eat

12. brush one's teeth

366. **goodbye** [ˌɡʊdˈbaɪ][굿바이]
안녕(헤어질 때 인사)

367. **grandfather** [ˈɡrænfɑːðə(r)][그랜파:더]
n 할아버지

368. **grape** [ɡreɪp][그레이프]
n 포도

369. **grass** [ɡræs][그래스]
n 풀

370. **great** [ɡreɪt][그레이트]
adj 큰, 위대한

946. **eat** [iːt][잇]
    ▼ 먹다

947. **drink** [drɪŋk][드링크]
    ▼ 마시다

948. **do the dishes** [두 더 디쉬즈]
    설거지하다

949. **brush one's teeth** [브러쉬 원즈 티쓰]
    양치질하다

950. **shower** [ʃauɚ][샤워]
    ▼ 샤워하다

[2부] 주제별 일상단어 500

371. **green** [griːn][그린:]
n, adj 초록색(의)

372. **grey / gray** [greɪ][그레이]
n, adj 회색(의)

373. **ground** [graʊnd][그라운드]
n 땅, 토지, pl 운동장

374. **group** [gruːp][그룹:]
n 무리, 그룹

375. **grow** [groʊ][그로우]
v 커지다, 자라다

[2부]
주제별 일상단어
500

941. **clean** [kliːn][클린]
ⓥ 청소하다

942. **sleep** [sliːp][슬립]
ⓥ 자다

943. **wake up** [웨이컵]
일어나다

944. **wash** [wɑːʃ][워시]
ⓥ 빨래하다

945. **push** [pʊʃ][푸시]
ⓥ 재촉하다

복습하기 15주   ※ 다음 단어의 뜻을 써보세요.

1. giant
2. grass
3. green
4. gift
5. girl
6. give
7. glad
8. go
9. gold
10. good
11. goodbye
12. grandfather

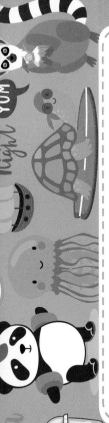

936. **Pretty!** [ˈprɪti][프리티]
예뻐요

937. **Beautiful!** [ˈbjuːtɪfl][뷰리플]
아름다워요

938. **Best!** [best][베스트]
최고예요

939. **Good job!** [굿 잡]
참 잘했어요

940. **wash one's face** [워쉬 원즈 페이스]
세수하다

★ 그것에 찬성합니다.
I'm in favor of it.
아임 인 풰이버브 잇

★ 그 계획에 찬성합니다.
I agree with the plan.
아이 어그뤼 위드 더 플랜

★ 그것에 반대합니다.
I'm against it.
아임 어겐슷트 잇

931. **Great!** [greɪt][그레잇]

멋져요

932. **Excellent!** [ˈeksələnt][엑썰런트]

훌륭해요

933. **Awesome!** [ˈɔːsəm][어썸]

굉장해요

934. **Wonderful!** [ˈwʌndərfl][원더풀]

대단해요

935. **Cute!** [kjuːt][큐트]

귀여워요

376. **guess** [ges][게스]
ⓥ 생각하다

377. **guide** [gaɪd][가이드]
ⓝ 안내, ⓥ 안내하다

378. **guy** [gaɪ][가이]
ⓝ 남자

379. **habit** ['hæbɪt][해빗]
ⓝ 습관, 버릇

380. **hair** [her][헤어]
ⓝ 머리카락

926. **yawning** [jɑːnɪŋ][야닝]
　　 n 하품

927. **tear** [tɪr][티어]
　　 n 눈물

928. **feces** [fiːsiːz][피씨즈]
　　 n 대변

929. **fart** [fɑrt][파트]
　　 n 방귀

930. **urine** [jʊrɪn][유린]
　　 n 소변

[2부] 주제별 일상단어 500

381. **hand** [hænd][핸드]
n 손

382. **handsome** [hænsəm][핸썸]
adj 잘생긴

383. **hang** [hæŋ][행]
v 매달다, 걸다

384. **happy** ['hæpi][해피]
adj 행복한

385. **hard** [hard][하드]
adj 단단한, 어려운

출신지에 대해 묻고 답할 때

★ 고향은 어디세요?

Where are you from?

웨얼   아   유   프롬

★ 실례지만, 고향이 어디십니까?

May I ask where you are from?

메이 아이 애스크 웨얼 유 아 프롬

★ 서울입니다.

I'm from Seoul.

아임   프롬   서울

[2부] 주제별 일상단어 500

386. **hat** [hæt][햇]
n 모자

387. **hate** [heɪt][헤이트]
v 싫어하다

388. **have** [hæv][해브]
v 가지다

389. **he** [hiː][히ː]
pron 그

390. **head** [hed][헤드]
n 머리

복습하기 37주   ※다음 단어의 뜻을 써보세요.

1. tongue

2. heart

3. muscle

4. throat

5. cheek

6. nail

7. skin

8. lung

9. stomach

10. large intestine

11. sneeze

12. sigh

391. **headache** [ˈhedeɪk][헤데이크]
n 두통

392. **heart** [hɑːrt][하ː트]
n 심장, 가슴, 마음

393. **heat** [hiːt][히ː트]
n 열

394. **heaven** [ˈhevn][헤븐]
n 천국

395. **heavy** [ˈhevi][헤비]
adj 무거운

WORLD

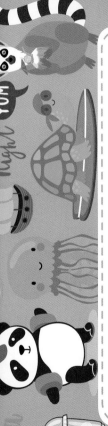

921. **brain** [breɪn][브레인]
n 뇌

922. **burp** [bɜːrp][뻘프]
n 트림

923. **sneeze** [sniːz][스니즈]
n 재채기

924. **sigh** [saɪ][싸이]
n 한숨

925. **hiccup** [ˈhɪkʌp][히컵]
n 딸꾹질

396. **helicopter** [ˈhelɪkɑːptə(r)][헬리캅:터]
n 헬리콥터

397. **hello / hey / hi**
[həˈloʊ/hey/hai][헬로/헤이/하이]
안녕(만나서 하는 인사)

398. **help** [help][헬프]
v 도와주다, n 도움

399. **here** [hɪr][히어]
adv 여기에

400. **hero** [ˈhiːroʊ][히:로우]
n 영웅

916. **heart** [hɑrt][하트]
n 심장

917. **leg bone** [leg boun][레그 본]
다리뼈

918. **muscle** [ˈmʌsl][머쓸]
n 근육

919. **stomach** [ˈstʌmək][스터먹]
n 위

920. **large intestine**
[lɑrdʒ ɪnˈtestɪn][라지 인테스틴]
대장

[2부] 주제별 일상단어 500

복습하기 16주 ※다음 단어의 뜻을 써보세요.

1. have	
2. he	
3. hello/hey/hi	
4. hair	
5. hand	
6. handsome	
7. happy	
8. hard	
9. head	
10. headache	
11. heart	
12. help	

911. **rib** [rɪb][립]

n 갈비뼈

912. **eardrum** [ˈɪrdrʌm][이어드럼]

n 고막

913. **cochlea** [ˈkoʊkliːə][카클리어]

n 달팽이관

914. **lung** [lʌŋ][렁]

n 폐

915. **liver** [ˈlɪvə(r)][리버]

n 간

[2부] 주제별 일상단어 500

★ 조심해!
Watch out!
워치   아웃

★ 그러면 안 돼요.
You cannot do that.
유   캔낫   두   댓

★ 이러시면 안 되는데요.
You shouldn't do this.
유   슈든트   두   디스

906. **wrist** [rɪst][뤼스트]

n 손목

907. **palm** [pɑːm][팜]

n 손바닥

908. **tongue** [tʌŋ][텅]

n 혀

909. **skin** [skɪn][스킨]

n 피부

910. **elbow** [ˈelbou][엘보우]

n 팔꿈치

[2부] 주제별 일상단어 500

401. **high** [haɪ][하이]
adj 높은

402. **hill** [hɪl][힐]
n 언덕

403. **history** [hɪstəri][히스토리]
n 역사

404. **hit** [hɪt][힛]
v 치다, n 치기, 타격

405. **hobby** [ˈhɑːbi][하ː비]
n 취미

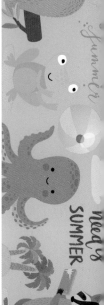

901. **pupil** [ˈpjuːpl][퓨플]
n 눈동자

902. **throat** [θroʊt][쓰롯]
n 목구멍

903. **cheek** [tʃiːk][칙]
n 볼/뺨

904. **navel** [ˈneɪvl][네이블]
n 배꼽

905. **nail** [neɪl][네일]
n 손톱

406. **hold** [hoʊld][호울드]
v 쥐다, 잡다

407. **holiday** [ˈhɑːlədeɪ][할:러데이]
n 휴일, 휴가

408. **home** [hoʊm][호움]
n 집

409. **homework** [ˈhoʊmwɜːrk][호움월:크]
n 숙제

410. **honest** [ˈɑːnɪst][아:니스트]
adj 정직한

SUMMER time

★ 회화 문장 ★
36주

252 / 365

전화를 받을 때

★ 성함을 알려 주시겠습니까?
May I have your name, please?
메이   아이 해브유어   네임   플리즈

★ 조금만 더 천천히 말해 주세요.
Please speak a little more slowly.
플리즈   스피커   리틀   모어   슬로우리

★ 누구에게 전화하셨습니까?
Who are you calling?
후   아   유   콜링

[2부] 주제별 인스턴트 500

411. **honey** [ˈhʌni][허니]
n 꿀

412. **hope** [houp][호프]
v 바라다, 희망하다

413. **horse** [hɔːrs][홀:스]
n 말

414. **hospital** [ˈhɑːspɪtl][하:스피틀]
n 병원

415. **hot** [hɑːt][핫:]
adj 뜨거운, 매운

복습하기 36주 ※다음 단어의 뜻을 써보세요.

1. stomach	
2. waist	
3. beard	
4. head	
5. nose	
6. tooth	
7. shoulder	
8. knee	
9. foot	
10. back	
11. arm	
12. hip	

416. **hour** [ˈaʊə(r)][아우어]
n 시간

417. **house** [haʊz][하우스]
n 집

418. **how** [haʊ][하우]
adv 어떻게

419. **however** [haʊˈevə(r)][하우에버]
conj 그러나

420. **human** [ˈhjuːmən][휴:먼]
n 인간

896. **beard** [bɪrd][비어드]

n 턱수염

897. **sideburn** [ˈsaɪdbɜːrn][사이드번]

n 구레나룻

898. **eyelid** [ˈaɪlɪd][아이리드]

n 눈꺼풀

899. **nostril** [ˈnɑːstrəl][나스트럴]

n 콧구멍

900. **jaw** [dʒɔː][조]

n 턱

[2부] 주제별 일상단어 500

421. **humor / humour** [hjúːmər][휴:머]
n 유머

422. **hundred** [hándrəd][헌드레드]
n 100 (백)

423. **hungry** [háŋɡri][헝그리]
adj 배고픈

424. **hunt** [hʌnt][헌트]
v 사냥하다

425. **hurry** [hɜːri][허:리]
v 서두르다

891. **hair** [her][헤어]

n 머리카락

892. **arm** [ɑrm][암]

n 팔

893. **waist** [weist][웨이스트]

n 허리

894. **hip** [hɪp][힙]

n 엉덩이

895. **ankle** [ˈæŋkl][앵클]

n 발목

※ 다음 단어의 뜻을 써보세요.

1. home		
2. homework		
3. however		
4. high		
5. hobby		
6. honest		
7. hope		
8. hospital		
9. hot		
10. house		
11. hundred		
12. hungry		

886. **hand** [hænd][핸드]

n 손

887. **leg** [leg][레그]

n 다리

888. **knee** [niː][니]

n 무릎

889. **foot** [fut][풋]

n 발

890. **back** [bæk][백]

n 등

★ 나를 실망시키지 마세요.
Don't let me down.
돈 렛 미 다운

★ 잊지 말고 기억하세요.
Keep that in mind.
킵 댓 인 마인드

★ 최선을 다해라.
Be all you can be.
비 올 유 캔 비

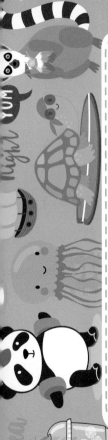

881. **ear** [ɪr][이어]

n 귀

882. **neck** [nek][넥]

n 목

883. **shoulder** [ˈʃoʊldə(r)][숄더]

n 어깨

884. **chest** [tʃest][체스트]

n 가슴

885. **stomach** [ˈstʌmək][스터먹]

n 배

[2부] 주제별 일상단어 500

426. **husband** [ˈhʌzbənd][허즈번드]
n 남편

427. **I** [aɪ][아이]
pron 나

428. **ice** [aɪs][아이스]
n 얼음

429. **idea** [aɪˈdiːə][아이디ː어]
n 생각

430. **if** [ɪf][이프]
conj (만약) ~면

876. **head** [hed][헤드]
    n 머리

877. **eye** [aɪ][아이]
    n 눈

878. **nose** [noʊz][노우즈]
    n 코

879. **mouth** [maʊθ][마우쓰]
    n 입

880. **tooth** [tuːθ][투쓰]
    n 이

431. **important** [ɪmˈpɔːrtnt][임폴-튼트]
adj 중요한

432. **in** [ɪn][인]
prep ~에, adv 안에

433. **inside** [ˌɪnˈsaɪd][인싸이드]
prep ~의 안에

434. **into** [ˈɪntuː][인투-]
prep ~안으로

435. **introduce** [ˌɪntrəˈdjuːs][인트로듀-스]
v 소개하다

전화를 걸 때

★ 거기가 701-6363입니까?
Is this 701-6363?
이즈 디스 쎄븐지로원 씩스쓰리씩스쓰리

★ 여보세요! 저는 강인데요.
Hello! This is Mr. Kim speaking.
헬로우 디스 이즈 미스터 김 스피킹

★ 서울의 토니 장입니다.
This is Tony Chang from Seoul.
디스 이즈 토니 장 프롬 서울

436. **invite** [ɪnˈvaɪt][인바이트]
v 초대하다

437. **it** [ɪt][잇]
pron 그것

438. **jeans** [dʒiːnz][진ː즈]
n 청바지

439. **job** [dʒɑːb][잡ː]
n 직업

440. **join** [dʒɔɪn][조인]
v 연결하다, 가입하다

복습하기 35주 ※다음 단어의 뜻을 써보세요.

1. cowardly

2. introverted

3. extroverted

4. open

5. positive

6. negative

7. cold

8. passive

9. generous

10. sympathetic

11. kindhearted

12. proud

441. **joy** [dʒɔɪ][조이]
n 기쁨

442. **just** [dʒʌst][저스트]
adv 딱, adj 공정한

443. **keep** [kiːp][킵]
v 유지하다

444. **key** [kiː][키:]
n 열쇠

445. **kick** [kɪk][킥]
v 차다, n 발길질

871. **brutal** ['bru:tl][브루들]
adj 잔인한

872. **proud** [praud][프라우드]
adj 거만한

873. **childish** ['tʃaɪldɪʃ][촤일디쉬]
adj 유치한

874. **introverted** ['ɪntrəvɜːrtɪd][인트로버디드]
adj 내성적인

875. **extroverted** [ékstrəvə́:rtid][엑스트로버디드]
adj 외향적인

[2부] 주제별 일상단어 500

446. **kid** [kɪd][키드]
n 아이

447. **kill** [kɪl][킬]
v 죽이다

448. **kind** [kaɪnd][카인드]
adj 친절한

449. **king** [kɪŋ][킹]
n 왕

450. **kitchen** [ˈkɪtʃɪn][키친]
n 부엌

SUMMER time

WORLD

242 / 365

[2부]
주제별 일상단어
500

866. **modest** [ˈmɑːdɪst][마디스트]

adj 겸손한

867. **truthful** [ˈtruːθfl][트루쓰플]

adj 진실된

868. **sympathetic** [ˌsɪmpəˈθetɪk][씸프세릭]

adj 동정심이 많은

869. **kindhearted** [ˌkaɪndˈhɑːrtɪd][카인하티드]

adj 인정이 많은

870. **ill-mannered** [ˌɪlˈmænərd][일매너드]

adj 버릇없는

[2부] 주제별 일상단어 500

복습하기 18주 ※다음 단어의 뜻을 써보세요.

1. I	
2. if	
3. it	
4. important	
5. in	
6. introduce	
7. invite	
8. join	
9. just	
10. keep	
11. kid	
12. kind	

241 / 365

861. **cold** [kould][코울드]

adj 냉정한

862. **bragging** [ˈbræɡɪŋ][브래깅]

adj 허풍 떠는

863. **timid** [ˈtɪmɪd][티미드]

adj 소심한

864. **passive** [ˈpæsɪv][패시브]

adj 소극적인

865. **generous** [ˈdʒenərəs][제너러스]

adj 너그러운

부탁과 도움을 청할 때

★ 부탁 하나 해도 될까요?

Can I ask you a favor?
캔　아이 애스크 큐　어 훼이버

★ 실례합니다. 부탁 하나 들어 주시겠어요?

Excuse me. Would you do me a favor?
익스큐즈　미　우쥬　두　미　어 훼이버

★ 부탁드릴 게 하나 있습니다.

I have a big favor to ask you.
아이 해브　어　빅　훼이버　투　애스크 큐

240 / 365

856. **brazen** ['breɪzn][브레이즌]

adj 뻔뻔한

857. **bad-tempered** [,bæd'tempərd][배드템퍼드]

adj 심술궂은

858. **positive** ['pɑːzətɪv][파저티브]

adj 긍정적인

859. **negative** ['negətɪv][네거티브]

adj 부정적인

860. **hot-tempered** [,hɑːt'tempərd][핫템퍼드]

adj 다혈질인

451. **knife** [naɪf][나이프]
n 칼

452. **know** [noʊ][노우]
v 알다

453. **lady** ['leɪdi][레이디]
n 숙녀

454. **lake** [leɪk][레이크]
n 호수

455. **land** [lænd][랜드]
n 땅

851. **meticulous** [məˈtɪkjələs][머티큘러스]

adj 꼼꼼한

852. **clumsy** [ˈklʌmzi][클럼지]

adj 덜렁거리는

853. **cowardly** [káuərdli][카워들리]

adj 겁이 많은

854. **conservative** [kənˈsɜːrvətɪv][컨썰버티브]

adj 보수적인

855. **open** [ˈoʊpən][오픈]

adj 개방적인

456. **large** [lɑːrdʒ][라ː쥐]
adj 큰

457. **last** [læst][래스트]
adj 마지막의, v 지속하다

458. **late** [leɪt][레이트]
adj 늦은

459. **lazy** [ˈleɪzi][레이지]
adj 게으른

460. **leaf** [liːf][리ː프]
n 나뭇잎

식사를 할 때

★ 식사 전에 손을 씻어라.
Wash your hands before eating.
워시　유어　핸즈　비포　이링

★ 저녁으로 불고기를 마련했습니다.
We're having bulgogi for dinner.
위어　해빙　불고기　포　디너

★ 마음껏 드십시오.
Please help yourself.
플리즈　헬프　유어셀프

[2부] 주제별 인사말 500

461. **learn** [lɜːrn][런ː]
v 배우다

462. **left** [left][레프트]
n, adj 왼쪽(의)

463. **leg** [leg][렉]
n 다리

464. **lesson** [ˈlesn][레슨]
n 수업

465. **letter** [ˈletə(r)][레터]
n 편지

복습하기 34주 ※다음 단어의 뜻을 써보세요.

1. younger sister
2. wife
3. husband
4. niece
5. son
6. daughter
7. granddaughter
8. only son
9. cheerful
10. confident
11. noble
12. straightforward

466. **library** [ˈlaɪbreri][라이브러리]
n 도서관

467. **lie** [laɪ][라이]
v 눕다, 거짓말하다, n 거짓말

468. **light** [laɪt][라이트]
n 빛, adj 가벼운

469. **like** [laɪk][라이크]
v 좋아하다, prep ~와 비슷한

470. **line** [laɪn][라인]
n 선, 줄

846. **free-hearted** [friː-háːrtid][프리헐티드]

adj 대범한

847. **ready-witted** [ˌredē-ˈwitid][레디위티드]

adj 눈치가 빠른

848. **straightforward** [ˌstreɪtˈfɔːrwərd][스트레잇포워드]

adj 솔직한

849. **active** [ˈæktɪv][액티브]

adj 적극적인

850. **sociable** [ˈsoʊʃəbl][쏘셔블]

adj 사교적인

[2부] 주제별 일상단어 500

471. **lion** ['laɪən][라이언]
n 사자

472. **lip** [lɪp][립]
n 입술

473. **listen** ['lɪsn][리슨]
v 듣다

474. **little** ['lɪtl][리틀]
adj 작은

475. **live** [lɪv/laɪv][리브/라이브]
v 살다, adj 살아있는

841. **cheerful** ['tʃɪrfl][취어풀]

    adj 명랑한

842. **tender** ['tendə(r)][텐더]

    adj 상냥한

843. **confident** ['kɑːnfɪdənt][컨피던트]

    adj 당당한

844. **hard** [hɑːrd][하드]

    adj 야무진

845. **noble** ['noʊbl][노블]

    adj 고상한

※다음 단어의 뜻을 써보세요.

1. lady

2. light

3. lion

4. know

5. large

6. lazy

7. learn

8. left

9. leg

10. lesson

11. like

12. lip

836. **son-in-law** [ˈsʌnmlɑ:][썬인로]
     n 사위

837. **grandson** [ˈgrænsʌn][그랜썬]
     n 손자

838. **granddaughter** [ˈgrændɔːtə(r)][그랜도터]
     n 손녀

839. **only daughter** [ˈoʊnli ˈdɔːtə(r)][온리 도터]
     외동딸

840. **only son** [ˈoʊnli sʌn][온리 선]
     외동아들

결심했을 때

★ 나는 작가가 되기로 결심했어요.
I made up my mind to become a writer.
아이 메이드 업 마이 마인드 투 비컴 어
롸이러

★ 나는 굳게 결심했어.
I had my heart set on going.
아이 해드 마이 할트 셋온 고잉

★ 어려운 결심을 하셨군요.
You made a tough decision.
유 메이드 어 터프 디씨즌

[1부] 교육부 지정 초등 기본 영단어 800

831. **niece** [niːs][니ː스]
     n 여자조카

832. **nephew** [ˈnefjuː][네퓨]
     n 남자조카

833. **son** [sʌn][썬]
     n 아들

834. **daughter-in-law**
     [ˈdɔːtərɪnlɔː][도러인로]
     n 며느리

835. **daughter** [ˈdɔːtə(r)][도러]
     n 딸

476. **living room** ['lɪvɪŋ 'ruːm][리빙 룸:]
n 거실

477. **long** [lɔːŋ][롱:]
adj 긴

478. **look** [lʊk][룩]
v 보다

479. **love** [lʌv][러브]
n 사랑, v 사랑하다

480. **low** [loʊ][로우]
adj 낮은

826. **sister-in-law** [ˈsɪstərɪnlɑː][시스터인로]
n 제수/올케

827. **younger sister**
[jʌngər ˈsɪstə(r)][영거 시스터]
여동생

828. **brother-in-law**
[ˈbrʌðərɪnlɑː][브라더인로]
n 제부/매제

829. **wife** [waɪf][와이프]
n 부인

830. **husband** [ˈhʌzbənd][허즈번드]
n 남편

[2부] 주제별 일상단어 500

481.
luck [lʌk][럭]
n 운

482.
lunch [lʌntʃ][런취]
n 점심식사

483.
mad [mæd][매드]
adj 미친

484.
mail [meɪl][메일]
n 우편(물)

485.
make [meɪk][메이크]
v 만들다

★ 회화 문장 ★
33주

231 / 365

집에 방문했을 때

★ 우리를 초대해 주어서 고맙습니다.
Thank you for inviting us.
쌩큐　　　 훠　　인바이링　　어스

★ 여기 조그만 선물입니다.
Here's something for you.
히얼즈　　 썸씽　　 훠　 유

★ 어서 들어오십시오.
Please come in.
플리즈　　 커민

486. **man** [mæn][맨]
n 사람, 남자

487. **many** ['meni][메니]
adj 많은

488. **map** [mæp][맵]
n 지도

489. **marry** ['mæri][매리]
v 결혼하다

490. **math** [mæθ][매쓰]
n 수학

복습하기 33주　　※다음 단어의 뜻을 써보세요.

1. woman

2. man

3. girl

4. boy

5. adolescent

6. child

7. baby

8. father, dad

9. mother, mom

10. cousin

11. elder sister

12. elder brother

491. **may** [meɪ][메이]
~일지도 모른다, n (May)5월

492. **meat** [miːt][밋:]
n 고기

493. **meet** [miːt][밋:]
v 만나다

494. **memory** [ˈmeməri][메모리]
n 기억

495. **middle** [ˈmɪdl][미들]
n, adj 가운데(의)

821. **elder sister** [ˈeldə(r) ˈsɪstə(r)][엘더 시스터]
언니/누나

822. **brother-in-law** [ˈbrʌðərɪnlɑː][브라더인로]
n 형부/매형/매부

823. **elder brother** [eldə ˈbrʌðə(r)][엘더 브라더]
오빠/형

824. **sister-in-law** [ˈsɪstərɪnlɑː][시스터인로]
n 새언니/형수

825. **younger brother** [ˈjʌŋɡər ˈbrʌðə(r)][영거 브라더]
남동생

[2부] 주제별 일상단어 500

496. **might** [máit][마이트]
n 힘, (may의 과거)

497. **milk** [mɪlk][밀크]
n 우유

498. **mind** [maɪnd][마인드]
n 마음

499. **mirror** [ˈmɪrə(r)][미러]
n 거울

500. **miss** [mɪs][미스]
v 그리워하다, 놓치다, n (Miss) ~양

816. **father, dad** [ˈfɑːðər, dæd][파더, 댇]
     n 아버지 (아빠)

817. **mother, mom** [ˈmʌðər, mɑːm][마더, 맘]
     n 어머니 (엄마)

818. **cousin** [ˈkʌzən][커즌]
     n 사촌

819. **maternal grandfather**
     [məˈtɜːrnl ˈɡrænfɑːðə(r)][머터널 그랜파더]
     외할아버지

820. **maternal grandmother**
     [məˈtɜːrnl ˈɡrænmʌðə(r)][머터널 그랜마더]
     외할머니

복습하기 20주 ※다음 단어의 뜻을 써보세요.

1. love	
2. make	
3. meet	
4. livingroom	
5. long	
6. look	
7. lunch	
8. man	
9. math	
10. may	
11. might	
12. milk	

811. **baby** [ˈbeɪbi][베이비]
n 아기

812. **paternal grandfather**
[pəˈtɜːrnl ˈɡrænfɑːðə(r)][퍼터널 그랜파더]
친할아버지

813. **paternal grandmother**
[pəˈtɜːrnl ˈɡrænmʌðə(r)][퍼터널 그랜마더]
친할머니

814. **uncle** [ˈʌŋkl][엉클]
n 큰아버지, 작은아버지(삼촌)

815. **aunt** [ænt][앤트]
n 큰어머니, 숙모

추측과 판단이 맞았을 때

★ 그 말에 일리가 있군요!
That makes sense!
댓   메이크스   센스

★ 그럴 줄 알았어!
That figures!
댓   휘규어즈

★ 아무도 모르죠? / 누가 알겠어요?
Who knows?
후   노우즈

806. **girl** [gɜːrl][걸]
n 소녀

807. **adolescent** [ˌædəˈlesnt][애들레슨트]
n 청소년

808. **pregnant woman**
[ˈpregnant ˈwomen][프레그넌 워먼]
임산부

809. **child** [tʃaɪld][차일드]
n 어린이

810. **preschooler** [priːˈskuːlər][프리스쿨러]
n 미취학 아동

[2부] 주제별로 읽상단어 500

501. **money** ['mʌni][머니]
n 돈

502. **monkey** ['mʌŋki][멍키]
n 원숭이

503. **month** [mʌnθ][먼쓰]
n 달

504. **moon** [muːn][문ː]
n 달

505. **morning** ['mɔːrnɪŋ][모ː닝]
n 아침

801. **woman** [ˈwʊmən][우먼]
   n 여자

802. **man** [mæn][맨]
   n 남자

803. **elderly person**
   [ˈeldərli ˈpɜːrsn][엘덜리 펄슨]
   노인

804. **middle age** [ˌmɪdl ˈeɪdʒ][미들 에이쥐]
   중년

805. **boy** [보이]
   n 소년

506. **mother** [ˈmʌðə(r)][마더]
n 어머니

507. **mountain** [ˈmaʊntn][마운틴]
n 산

508. **mouse** [maʊs][마우스]
n 쥐, 마우스

509. **mouth** [maʊθ][마우쓰]
n 입

510. **move** [muːv][무:브]
v 움직이다

★ 회화 문장 ★

32주

224 / 365

초대할 때

★ 놀러 오십시오.
Come and see me.
컴　　앤　　씨　　미

★ 언제 한번 들러 주시지 않겠습니까?
Why don't you drop in sometime?
와이　돈츄　　　드뢉핀　　　썸타임

★ 당신을 초대해 저녁식사를 하고 싶습니다.
I'd like to invite you to dinner.
아이드 라익 투 인바잇츄　　투　 디너

[1부] 교육부 지정 초등 기본 영단어 800

511. **movie** [ˈmuːvi][무:비]
n 영화

512. **much** [mʌtʃ][머취]
adj 많은, adv 많이

513. **museum** [mjuˈziːəm][뮤지:엄]
n 박물관

514. **music** [ˈmjuːzɪk][뮤:직]
n 음악

515. **must** [mʌst][머스트]
~해야 한다

복습하기 32주 ※다음 단어의 뜻을 써보세요.

1. who
2. why
3. will
4. window
5. woman
6. world
7. write
8. wrong
9. yellow
10. yes/yeah/yep
11. yesterday
12. you

[부록] 교육부 지정 초등 기본 영단어 800

516.
name [neɪm][네임]
n 이름

517.
nation [ˈneɪʃn][네이션]
n 국가, 국민

518.
nature [ˈneɪtʃə(r)][네이쳐]
n 자연

519.
near [nɪr][니어]
adj 가까운

520.
neck [nek][넥]
n 목

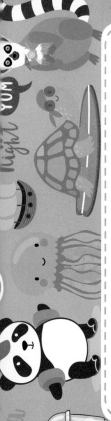

796. **yesterday** [jestərdeɪ][예스터데이]
n 어제

797. **you** [ju:][유:]
pron 너, 당신, 너희들

798. **young** [jʌŋ][영]
adj 젊은

799. **zebra** [zi:brə][지:브러]
n 얼룩말

800. **zoo** [zu:][주:]
n 동물원

521. need [niːd][니:드]
v 필요하다, **n** 필요

522. never [ˈnevə(r)][네버]
adv 결코 ~않다

523. new [nuː][뉴:]
adj 새로운

524. newspaper [ˈnuːzpeɪpə(r)][뉴:스페이퍼]
n 신문

525. next [nekst][넥스트]
adj 다음의

791. **write** [raɪt][롸이트]
v 쓰다

792. **wrong** [rɔːŋ][뤙:]
adj 틀린, 잘못된

793. **year** [jɪr][이어]
n 해, 1년

794. **yellow** [jelou][옐로우]
n, adj 노란색(의)

795. **yes / yeah / yep** [jes/jea/jep][예스/예/옙]
네

복습하기 21주 　　※다음 단어의 뜻을 써보세요.

1. much	
2. must	
3. never	
4. money	
5. month	
6. morning	
7. mother	
8. mouth	
9. movie	
10. name	
11. nature	
12. neck	

786. **wood** [wʊd][우드]

n 나무, 숲

787. **word** [wɜːrd][워:드]

n 말, 단어, 낱말

788. **work** [wɜːrk][월:크]

v 일하다, n 일

789. **world** [wɜːrld][월:드]

n 세계

790. **worry** ['wɜːri][워:리]

v 걱정하다, n 걱정

★ 주말에는 무엇을 할 예정입니까?
What are you doing this weekend?
왓 아 유 두잉 디스 위캔드

★ 언제 출발합니까?
When are you leaving?
웬 아 유 리빙

★ 언제쯤이 좋을까요?
When is convenient for you?
웬 이즈 컨비니언트 포 유

[1분] 교육부 지정 초등 기본 영단어 800

SUMMER time

781. **wind** [wɪnd][윈드]
n 바람

782. **window** [ˈwɪndoʊ][윈도우]
n 창문

783. **wish** [wɪʃ][위시]
v 바라다

784. **with** [wɪð][위드]
prep ~와 함께

785. **woman** [ˈwʊmən][워먼]
n 여자

526. **nice** [naɪs][나이스]
adj 멋진

527. **night** [naɪt][나이트]
n 밤

528. **no / nope / nay**
[noʊ/noʊp/neɪ][노/노프/네이]
아니요

529. **noon** [nuːn][눈:]
n 정오

530. **north** [nɔːrθ][놀:쓰]
n 북쪽

776. **who** [huː][후:]
pron 누구

777. **why** [waɪ][와이]
adv 왜

778. **wife** [waɪf][와이프]
n 아내

779. **will** [wɪl][윌]
v ~할 것이다, n 의지

780. **win** [wɪn][윈]
v 이기다

531. **nose** [noʊz][노우즈]
n 코

532. **not** [nɑːt][낫:]
adv ~아니다

533. **note** [noʊt][노트]
n 메모, 쪽지

534. **nothing** [ˈnʌθɪŋ][낫띵]
pron 아무것도 아닌 것

535. **now** [naʊ][나우]
adv 지금

THE
WORLD

약속에 대해서 말할 때

★ 새끼손가락 걸고 약속하자.
Let's pinky-swear.
렛츠 핑키 스웨어

★ 나는 약속을 잘 지키는 사람이야.
I am as good as my word.
아이 엠 애즈 굿 애즈 마이 워드

★ 약속 어기지 마라.
Don't break your promise.
돈 브레익ㅋ 유어 프라미스

536. number [ˈnʌmbə(r)][넘버]
n 숫자

537. nurse [nɜːrs][널스]
n 간호사

538. ocean [ˈoʊʃn][오션]
n 대양

539. of [ʌv][오브]
prep ~의

540. off [ɔːf][오프]
adv (어떤 곳에서 멀리로)

복습하기 31주   ※다음 단어의 뜻을 써보세요.

1. walk

2. want

3. wash

4. water

5. we

6. wear

7. weather

8. weekend

9. welcome

10. west

11. what

12. when

541. **office** [ˈɔːfɪs][오:피스]
n 사무실

542. **often** [ˈɔːfn][오:픈]
adv 자주

543. **oil** [ɔɪl][오일]
n 기름, 석유

544. **old** [oʊld][올드]
adj 나이든

545. **on** [ɔːn][온:]
prep ~위에

771. **wet** [wet][웻]
adj 젖은

772. **what** [wɑːt][왓:]
pron 무엇

773. **when** [wen][웬]
adv 언제

774. **where** [wer][웨어]
adv 어디서

775. **white** [waɪt][와이트]
n, adj 흰색(의)

[1부] 교육부 지정 초등 기본 영단어 800

546. **one** [wʌn][원]
n , adj 하나(의)

547. **only** [ˈoʊnli][오운리]
adj 유일한

548. **open** [ˈoʊpən][오픈]
adj 열린, v 열다

549. **or** [ɔː(r)][오ː얼]
conj 또는, 혹은

550. **out** [aʊt][아웃]
adv , prep 밖으로

766. **weekend** [wíːkend][위ː켄드]
n 주말

767. **weight** [weɪt][웨이트]
n 무게

768. **welcome** [wélkəm][웰컴]
v 환영하다. n 환영

769. **well** [wel][웰]
음, n 우물

770. **west** [west][웨스트]
n 서쪽

복습하기 22주 ※다음 단어의 뜻을 써보세요.

1. no/nope/nay

2. not

3. of

4. night

5. noon

6. north

7. nothing

8. now

9. old

10. on

11. one

12. open

[1부] 교육부 지정 초등 기본 영단어 800

[1부] 교육부 지정
초등 기본 영단어
800

761. **we** [wiː][위:]
pron 우리

762. **wear** [wer][웨어]
v 입다

763. **weather** [ˈweðə(r)][웨더]
n 날씨

764. **wedding** [ˈwedɪŋ][웨딩]
n 결혼식

765. **week** [wiːk][위:크]
n 주

[1부] 교육부 지정 초등 기본 영단어 800

기쁨과 즐거움을 나타낼 때

★ 만세!
Hurrah!
허레이

★ 브라보!
Bravo!
브라보

★ 야호!
Yahoo!
야후

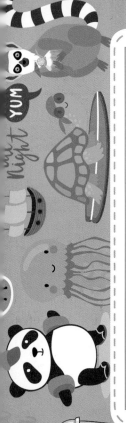

756. **wash** [wɑːʃ][워:시]

v 씻다

757. **watch** [wɑːtʃ][워:치]

v 지켜보다, n 시계

758. **water** [ˈwɔːtə(r)][워:터]

n 물

759. **watermelon** [ˈwɔːtərmelən][워:터멜론]

n 수박

760. **way** [weɪ][웨이]

n 길

551. **over** [ouvə(r)][오버]
prep ~위에

552. **paint** [peɪnt][페인트]
n 페인트, v 페인트를 칠하다

553. **palace** ['pæləs][팰리스]
n 궁전

554. **pants** [pænts][팬츠]
n 바지

555. **paper** ['peɪpə(r)][페이퍼]
n 종이

751. **walk** [wɔːk][워ː크]
     v 걷다

752. **wall** [wɔːl][월ː]
     n 벽

753. **want** [wɔːnt][원ː트]
     v 원하다

754. **war** [wɔːr(r)][워ː]
     n 전쟁

755. **warm** [wɔːrm][웜ː]
     adj 따뜻한

556.
parent ['perənt][페어런트]
n 부모

557.
park [paːrk][파ː크]
n 공원

558.
part [paːrt][파ː트]
n 일부, 부분

559.
pass [pæs][패스]
v 통과하다, 합격하다

560.
pay [peɪ][페이]
v 지불하다

210 / 365

★ 회화 문장 ★
30주

약속을 정할 때

★ 시간 좀 있어요?
Do you have time?
두 유 햅 타임

★ 잠깐 만날 수 있을까요?
Can I see you for a moment?
캔 아이씨 유 훠러 모먼트

★ 내일 한번 만날까요?
Do you want to get together tomorrow?
두 유 원 투 겟 투게더
투마로우

[1부] 교육부 지정 초등 기본 영단어 800

561. **peace** [piːs][피:스]
n 평화

562. **pear** [peə(r)][페어]
n 배

563. **pencil** [ˈpensl][펜슬]
n 연필

564. **people** [ˈpiːpl][피:플]
n 사람

565. **pick** [pɪk][픽]
v 고르다

1. train
2. tree
3. trip
4. true
5. turn
6. umbrella
7. under
8. understand
9. up
10. vegetable
11. very
12. visit

566. **picnic** [ˈpɪknɪk][피크닉]
n 소풍

567. **picture** [ˈpɪktʃə(r)][픽처]
n 그림

568. **pig** [pɪg][픽]
n 돼지

569. **pink** [pɪŋk][핑크]
n, adj 분홍색(의)

570. **place** [pleɪs][플레이스]
n 장소

746. **very** [veri][베리]
adv 매우, adj 바로 그

747. **visit** [ˈvɪzɪt][비지트]
v 방문하다

748. **voice** [vɔɪs][보이스]
n 목소리

749. **wait** [weɪt][웨이트]
v 기다리다

750. **wake** [weɪk][웨이크]
v 깨어나다

571. **plan** [plæn][플랜]
n 계획

572. **play** [pleɪ][플레이]
v 놀다, 하다, n 놀이

573. **please** [pliːz][플리:즈]
제발, v 기쁘게 하다

574. **P. M. / p.m.** [piːˈem][피:엠]
오후

575. **pocket** [ˈpɑːkɪt][파:킷]
n 주머니

SUMMER time

THE
WORLD

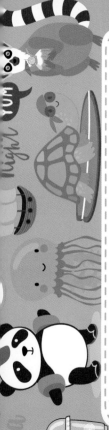

207 / 365

741. **under** [ˈʌndə(r)][언더]
adv. , prep ~아래에

742. **understand**
[ˌʌndərˈstænd][언더스탠드]
v 이해하다

743. **up** [ʌp][업]
adv. , prep 위로, 위에

744. **use** [juːz/juːs][유즈/유스]
v 사용하다, n 사용, 이용

745. **vegetable** [ˈvedʒtəbl][베지터블]
n 채소, 야채

복습하기 23주 ※ 다음 단어의 뜻을 써보세요.

1. parent
2. please
3. P.M./p.m.
4. paint
5. paper
6. pay
7. pencil
8. people
9. picnic
10. picture
11. pig
12. place

736. **twice** [twaɪs][트와이스]
n 두 번

737. **type** [taɪp][타입]
n 형, 유형

738. **ugly** [ˈʌɡli][어글리]
adj 못생긴

739. **umbrella** [ʌmˈbrelə][엄브렐라]
n 우산

740. **uncle** [ˈʌŋkl][엉클]
n 삼촌, 숙부

★ 받아먹을!
(Oh, my) Gosh!
(오 마이) 가쉬

★ 저런, 상당순요!
What a shame!
와러 셰임

★ 너무 화가 나는군요.
I'm so angry with you.
아임 소 앵그리 위듀

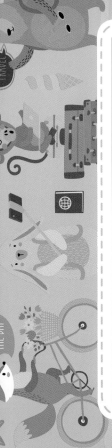

[1부] 교육부 지정
초등 기본 영단어 800

731. **triangle** [ˈtraɪæŋɡl][트롸이앵글]
   n 삼각형

732. **trip** [trɪp][트립]
   n (짧은) 여행

733. **true** [truː][트루ː]
   adj 사실인

734. **try** [traɪ][트롸이]
   v 노력하다, (한번) 해보다

735. **turn** [tɜːrn][턴ː]
   v 돌다, **n** 차례, 순번

[1부] 교육부 지정 초등 기본 영단어 800

576. **point** [pɔɪnt][포인트]
n 의견, 요점, 점

577. **police** [pə'liːs][폴리:스]
n 경찰

578. **poor** [pʊr][푸어]
adj 가난한

579. **potato** [pə'teɪtoʊ][포테이토]
n 감자

580. **powder** ['paʊdə(r)][파우더]
n 가루

726. **town** [taʊn][타운]

　　n 도시, 시내

727. **toy** [tɔɪ][토이]

　　n 장난감

728. **train** [treɪn][트레인]

　　n 기차

729. **travel** [ˈtrævl][트래블]

　　v 여행하다, n 여행

730. **tree** [triː][트리:]

　　n 나무

581. present
['preznt/pri'zent][프레젼트/프리젠트]
adj 현재의, 출석한, **n** 선물, **v** 선물하다

582. pretty
['prɪti][프리티]
adj 예쁜

583. prince [prɪns][프린스]
n 왕자

584. print [prɪnt][프린트]
v 인쇄하다

585. prize [praɪz][프라이즈]
n 상

청찬에 대해 응답할 때

★ 칭찬해 주시니 고맙습니다.
Thank you, I'm flattered.
쌩큐   아임 플래터드

★ 비행기 태우지 마세요.
Don't make me blush.
돈   메익   미   블러쉬

★ 그렇게 말씀해 주시니 고맙습니다.
It's very nice of you to say so.
잇츠 베리 나이스 어뷰   투 쎄이 쏘

586. **problem** [ˈprɑːbləm][프라ː블럼]
n 문제

587. **puppy** [ˈpʌpi][퍼피]
n 강아지

588. **push** [pʊʃ][푸쉬]
v 밀다

589. **put** [pʊt][풋]
v 놓다

590. **puzzle** [ˈpʌzl][퍼즐]
n 퍼즐, v 어리둥절하게 하다

복습하기 29주 ※다음 단어의 뜻을 써보세요.

1. test

2. textbook

3. thank

4. that

5. the

6. there

7. they

8. this

9. time

10. today

11. tomorrow

12. tooth

591. **queen** [kwiːn][퀸ː]
n 여왕

592. **question** [ˈkwestʃən][퀘스천]
n 질문

593. **quick** [kwɪk][퀵]
adj 빠른

594. **quiet** [ˈkwaɪət][콰이어트]
adj 조용한

595. **rabbit** [ˈræbɪt][래빗]
n 토끼

[1부] 교육부 지정
초등 기본 영단어
800

721. **tooth** [tuːθ][투:쓰]

n 이빨

722. **top** [tɑːp][탑:]

n 정상, 꼭대기

723. **touch** [tʌtʃ][터치]

v 만지다

724. **tour** [tuːr][투어]

n 여행, 관광

725. **tower** ˈtaʊə(r)][타워]

n 탑

596. **race** [reɪs][레이스]
n 경주

597. **rain** [reɪn][레인]
n 비

598. **rainbow** ['reɪnboʊ][레인보우]
n 무지개

599. **read** [riːd][뤼-드]
v 읽다

600. **ready** ['redi][뤠디]
adj 준비된

[1부] 교육부 지정
초등 기본 영단어
800

716. **today** [təˈdeɪ][투데이]
n 오늘

717. **together** [təˈɡeðə(r)][투게더]
adv 함께

718. **tomorrow** [təˈmɑːroʊ][투마:로우]
n 내일

719. **tonight** [təˈnaɪt][투나잇]
n 오늘밤

720. **too** [tuː][투:]
adv 너무

[1부] 교육부 지정 초등 기본 영단어 800

복습하기 24주

※ 다음 단어의 뜻을 써보세요.

1. potato
2. rabbit
3. race
4. police
5. present
6. pretty
7. problem
8. puppy
9. put
10. question
11. quiet
12. rainbow

[1부] 교육부 지정
초등 기본 영단어 800

711. **thirst** [θɜːrst][떨:스트]

n 목마름

712. **this** [ðɪs][디스]

n 이것, adj 이

713. **tiger** [ˈtaɪɡə(r)][타이거]

n 호랑이

714. **time** [taɪm][타임]

n 시간

715. **to** [tuː][투:]

prep ~로

[1부] 교육부 지정 초등 기본 영단어 800

★ 아, 슬퍼요!
Alas!
얼래스

★ 슬퍼요.
I'm sad.
아임 쌔드

★ 어머, 가엾어라!
Oh, poor thing!
오 푸어 씽

[1부] 교육부 지정 초등 기본 영단어 800

706. **the** [ðə][더]
art (정관사) 그

707. **there** [ðɛr][데얼]
adv 거기에

708. **they** [ðeɪ][데이]
pron 그들, 그것들

709. **thing** [θɪŋ][띵]
n 것

710. **think** [θɪŋk][띵크]
v 생각하다

601. **red** [red][레드]
n, adj 빨간색(의),

602. **remember** [rɪˈmembə(r)][리멤버]
v 기억하다

603. **restaurant** [ˈrestrɒnt][레스트란트]
n 레스토랑, 식당

604. **restroom** [ˈrestruːm][레스트룸]
n 화장실

605. **return** [rɪˈtɜːrn][리턴:]
v 돌아오다, 반납하다

THE
WORLD

[1부] 교육부 지정
초등 기본 영단어
800

701. **test** [test][테스트]
v 시험하다, n 시험

702. **textbook** [tekstbuk][텍스트북]
n 교과서

703. **than** [ðæn][댄]
prep ~보다

704. **thank** [θæŋk][땡크]
v 고마워하다

705. **that** [ðæt][댓]
pron 저것, adj 저

[1부] 교육부 지정 초등 기본 영단어 800

606. **rich** [rɪtʃ][리치]
adj 부유한

607. **right** [raɪt][롸잇트]
adj 옳은, 오른쪽의

608. **ring** [rɪŋ][륑]
n 반지

609. **river** [ˈrɪvə(r)][뤼붜]
n 강

610. **road** [roʊd][로드]
n 길

★ 회화 문장 ★
28주

196 / 365

청찬할 때

★ 대단하군요!
That's great!
댓츠　그레잇트

★ 잘하셨어요!
You have done well!
유　햅　던　웰

★ 참 잘하셨어요.
You did a good job.
유　디드　굳　잡

[1부] 교육부 지정 초등 기본 영단어 800

611. **rock** [rɑːk][롹]
n 바위

612. **roof** [ruːf][루ː프]
n 지붕

613. **room** [ruːm][룸ː]
n 방

614. **run** [rʌn][런]
v 달리다

615. **sad** [sæd][새드]
adj 슬픈

복습하기 28주   ※다음 단어의 뜻을 써보세요.

1. stop	
2. store	
3. street	
4. student	
5. study	
6. sun	
7. supper	
8. talk	
9. tall	
10. taste	
11. teach	
12. telephone	

616. safe [seɪf][쎄이프]
adj 안전한

617. sale [seɪl][쎄일]
n 판매

618. salt [sɔːlt][쏠-트]
n 소금

619. same [seɪm][쎄임]
adj 같은

620. sand [sænd][쌘드]
n 모래

696. **taste** [teist][테이스트]

n 맛

697. **teach** [tiːtʃ][티ː취]

v 가르치다

698. **teen** [tiːn][틴ː]

n 10대

699. **telephone** [ˈtelifoun][텔리폰]

n 전화

700. **tell** [tel][텔]

v 말하다

621. **save** [seɪv][쎄이브]
ⓥ 구하다, 절약하다

622. **say** [seɪ][쎄이]
ⓥ 말하다

623. **school** [skuːl][스쿨:]
ⓝ 학교

624. **science** [ˈsaɪəns][싸이언스]
ⓝ 과학

625. **scissors** [ˈsɪzərz][씨저스]
ⓝ 가위

691. **tail** [teɪl][테일]

n 꼬리

692. **take** [teɪk][테이크]

v 가지고 가다, 잡다

693. **talk** [tɔːk][토크]

v 이야기하다

694. **tall** [tɔːl][톨:]

adj 큰

695. **tape** [teɪp][테이프]

n 테이프

복습하기 25주 ※ 다음 단어의 뜻을 써보세요.

1. restaurant

2. restroom

3. school

4. red

5. remember

6. right

7. river

8. run

9. sad

10. salt

11. save

12. say

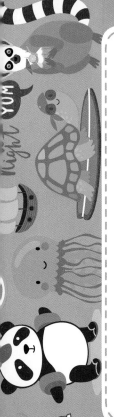

686. **sugar** [ˈʃʊɡə(r)][슈가]
n 설탕

687. **sun** [sʌn][썬]
n 태양

688. **supper** [ˈsʌpə(r)][써퍼]
n 저녁식사

689. **swim** [swɪm][스윔]
v 수영하다

690. **table** [ˈteɪbl][테이블]
n 탁자

놀람과 두려움을 느낄 때, 놀람을 진정시킬 때

★ 놀랐니?
Are you surprised?
아 유 써프라이즈드

★ 진정해.
Calm down.
캄 다운

★ 놀라지 마세요.
Don't alarm yourself.
돈 얼람 유어쎌ㅍ

681. **stress** [stres][스트레스]

　　n 스트레스, 강세

682. **strong** [strɔŋ][스트롱:]

　　adj 강한

683. **student** [ˈstuːdnt][스튜:던트]

　　n 학생

684. **study** [ˈstʌdi][스터디]

　　v 공부하다

685. **subway** [ˈsʌbweɪ][써브웨이]

　　n 지하철

626. **score** [skɔː(r)][스코:어]
n 점수, 악보

627. **sea** [siː][씨:]
n 바다

628. **season** [ˈsiːzn][씨:즌]
n 계절

629. **see** [siː][씨:]
v 보다

630. **sell** [sel][셀]
v 팔다

676. **stop** [stɑːp][스탑:]

v 멈추다, n (버스) 정류장

677. **store** [stɔː(r)][스토:어]

n 가게

678. **story** [ˈstɔːri][스토:리]

n 이야기

679. **strawberry** [ˈstrɔːberi][스트로:베리]

n 딸기

680. **street** [striːt][스트릿:]

n 거리

631. **send** [send][쎈드]
v 보내다

632. **she** [ʃiː][쉬:]
pron 그녀

633. **ship** [ʃɪp][쉽]
n 배

634. **shock** [ʃɑːk][샤:크]
n 충격, v 충격을 주다

635. **shoe** [ʃuː][슈:]
n 신발

★ 회화 문장 27주

189 / 365

안타깝거나 실망스러울 때

★ **참 실망스럽군!**
What a disappointment!
와러   디써포인트먼트

★ **참 안됐군!**
What a pity!
와러   피리

★ **그가 정말 실망스러운 일인데요.**
That's very disappointing,
댓츠   베리   디써포인팅

(I must say).
(아이 머슷 쎄이)

636. **shop** [ʃɑp][샵:]
n 가게

637. **short** [ʃɔːrt][숄:트]
adj 짧은

638. **should** [ʃud][슈드]
~해야 한다

639. **show** [ʃoʊ][쇼우]
v 보여주다, n 쇼

640. **shy** [ʃaɪ][샤이]
adj 수줍어하는

복습하기 27주   ※다음 단어의 뜻을 써보세요.

1. slow

2. small

3. some

4. snow

5. so

6. soccer

7. son

8. south

9. space

10. speak

11. spoon

12. start

641. **sick** [sɪk][씩]
adj 아픈

642. **side** [saɪd][싸이드]
n 옆

643. **sing** [sɪŋ][씽]
v 노래하다

644. **sister** ['sɪstə(r)][씨스터]
n 여자 형제

645. **sit** [sɪt][씻]
v 앉다

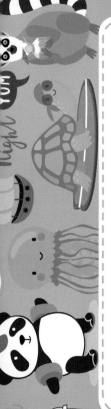

671. **spoon** [spuːn][스푼ː]
     n 숟가락

672. **stand** [stænd][스탠드]
     v 서다, 참다, 견디다

673. **start** [staːrt][스타ː트]
     v 시작하다, n 시작

674. **stay** [steɪ][스테이]
     v 머무르다, n 머무름

675. **stone** [stoʊn][스톤]
     n 돌

646. **size** [saɪz][싸이즈]
n 크기

647. **skin** [skɪn][스킨]
n 피부

648. **skirt** [skɜːrt][스커:트]
n 치마

649. **sky** [skaɪ][스카이]
n 하늘

650. **sleep** [sliːp][슬립:]
v 자다

666. **sour** [ˈsaʊə(r)][싸우어]
adj 신

667. **south** [saʊθ][싸우쓰]
n 남쪽

668. **space** [speɪs][스페이스]
n 우주, 공간

669. **speak** [spiːk][스피ː크]
v 말하다

670. **speed** [spiːd][스피ː드]
n 속도, 속력

복습하기 26주 ※ 다음 단어의 뜻을 써보세요.

1. see

2. she

3. should

4. sea

5. season

6. ship

7. short

8. shy

9. sing

10. sister

11. sit

12. skirt

[1부] 교육부 지정 초등 기본 영단어 800

661. **some** [sʌm][썸]
adj 몇몇의

662. **son** [sʌn][썬]
n 아들

663. **song** [cɔːŋ][쏭:]
n 노래

664. **sorry** [sɔːri][쏘:리]
adj 미안한, 애석한

665. **sound** [saund][싸운드]
n 소리, adj 건전한

걱정이 있는지 물을 때

★ 무슨 일이지요?
What's the matter with you?
왓츠 더 매러 위듀

★ 뭐 잘못됐나요?
Is anything wrong?
이즈 애니씽 롱

★ 무슨 일로 걱정이세요?
What's your worry?
왓츠 유어 워리

[1부] 교육부 지정
초등 기본 영단어
800

656. **snow** [snou][스노우]

n 눈

657. **so** [sou][쏘]

conj 그래서, adv 너무

658. **soccer** ['sɑːkər][싸:커]

n 축구

659. **sock** [sɑːk][싹:]

n 양말

660. **soft** [sɔːft][쏘:프트]

adj 부드러운

[1부] 교육부 지정 초등 기본 영단어 800

651. **slow** [slou][슬로우]
adj 느린

652. **small** [smɔːl][스몰:]
adj 작은

653. **smart** [smɑːrt][스마:트]
adj 용리한

654. **smell** [smel][스멜]
n 냄새, v 냄새 맡다

655. **smile** [smail][스마일]
n 미소, v 미소 짓다